URBAN PERMA-CULTURE GUIDE

都会からはじまる
新しい生き方のデザイン

ソーヤー海（共生革命家）：監修
東京アーバンパーマカルチャー編集部：編

Contents

008 Invitation to Urban Permaculture
アーバンパーマカルチャー始動！

010 What's Urban Permaculture?
アーバンパーマカルチャーとは

**012 Permaculture Ethics,
Principles, Attitudes**
パーマカルチャーの倫理、原則、態度

Edible

Introduction
020 Grow Food, Grow Culture
食べ物を育てて、文化を育てる

022 Edible Garden
植物を観察し、関係をデザインする

024 Design of Edible Garden
エディブルガーデンのデザイン

028 Interview Kagure
かぐれ｜ 都会の真ん中にある
エディブルガーデン

030 Balcony Garden
どんなところでも、食べ物は作れる

034 Compost
生ゴミが豊かな土になる循環デザイン

036 Aquaponics
魚と野菜を同時に育てるユニークなシステム

038 Domestic Animal
動物の習性を最大限に生かす飼い方

040 Community Garden
人の多様性も育む場所

044 Edible Plants List

046 Column by KAI
七世代先の命は
今を生きる僕らにかかっている

048 Activity 01
ブロック塀を壊してコンポストを作ってみた！

050 Dialogue 01
Homma Phil Cashman
食べ物を入り口にして、
都心のデザインをもっといい方向へ

DIY

Introduction
058 Create your own life!
消費者から、創造者へ。

060 Happy DIY Life
ほしいものは、DIY で楽しく作れる！

064 OFF-GRID LIFE
オフグリッドとは「自立すること」

066 Interview Fujino Denryoku
藤野電力｜ 電気は誰でも気軽に作れる

068 Portable Earth Oven
パーマカルチャーの基本は
アースオーブンから

070 Dome House
三角形を組み合わせて作る家

072 Pedal Power
自転車の可能性は無限だ！

074 Message Hide Enomoto
アーバンパーマカルチャーが
活かすべき資源とは？

076 Dialogue 02 Nao Suzuki
DIYから自分のストーリーをつくろう！

081 Message Kiyokazu Shidara
永続的な都市を作り出すために

Edge

Introduction
088 Step into the edge!
エッジ（境界）という可能性の場へ

090 City Repair
シティリペアとは？

098 Dignity Village
ホームレスによるホームレスのための
自立支援コミュニティー

100	**Guerilla Gardening** 新しい関係をつくる「ゲリラガーデニング」
102	**Interview Vallicans** バリカンズ｜ファッション視点で園芸を 楽しくする！
104	**Tokyo Edge Hunting** 路上のシティリペア
106	**Column by KAI** エッジに生きる若者にこそ、 社会を変える力がある
108	**Activity 03** ゴミ屋敷でゲリラガーデニングやってみた！
110	**Dialogue 03 Toshimitsu Aono** 楽しく、気持ちよく、エッジに生きていこう！

Gift

118	**Introduction** **Gift Economy** **Changes Money & Life** "与え合い"で成り立つ経済 ギフトエコノミー
120	**Freeconomy Movement** "無銭"の実験「フリーエコノミー運動」
122	**Potluck** 持ち寄りご飯が与えてくれる、 おいしさ以上のこと
126	**Donation** お金と人の関係を変える方法
130	**Interview Gift Economy Lab** ギフト経済ラボ｜優しさのきっかけ、 ペイフォワード
134	**Column by Mirei Hattori** 1つのきっかけから、 思いがけない幸せが増えていく
138	**Activity 04** バーニングマンに参加してみた！
140	**Column by Magari** 自由を追求すると、人は分け合い始める

142	**Dialogue 04 Takaaki Kumakura** ギブ＆テイクからギブ＆ギブへパラダイム シフトを起こそう！

Stop

150	**Introduction** **Happiness is here and now.** 立ち止まることから、すべては始まる
152	**Mindfulness** ～今、ここ、自分。マインドフルネスとは～
154	**STREET ZA ZEN** 原宿でゲリラ瞑想をやってみた！
158	**How to Meditation** 気軽にできる瞑想法
160	**Interview Tomohiko Yoneda** 米田智彦｜デジタルデトックス
162	**Nonviolent Communication** 非暴力コミュニケーション
164	**Connect with Needs** ニーズとつながる
166	**Exercise Nonviolent** **Communication (NVC)** 非暴力コミュニケーションを 体感するワーク
168	**Dialogue 05 Shinichi Tsuji** 立ち止まって、深いつながりを取り戻そう

Appendix

174	**Recommended Books** おすすめの本
178	**Recommended Spots** おすすめの場所

182	**Editor's note** 編集後記

オレゴン州ポートランドで行われた「交差点リペア」。このシティリペア運動は後に行政も動かした。(→「Edge」P88〜)

大都会、銀座のビルの屋上で養蜂をしている「銀座ミツバチプロジェクト」(→「Edible」P20〜)

自転車だって、家だって、街だって、DIYの可能性は無限だ。{→「DIY」P58〜}

香港のプラムヴィレッジの僧侶を迎えて行われた「食べる瞑想」{→「Stop」P150〜}

イギリスから始まって世界中に広がるゲリラガーデニング。(→「Edge」P88〜)

誰でも簡単に実践できるギフトエコノミー、ポットラック。(→「Gift」P118〜)

都会のど真ん中にあるエディブルガーデンで実ったびわ。（→「Edible」P20〜）

シアトルのコミュニティガーデンで共有コンポストの作業中！（→「Edible」P20〜）

Invitation to Urban Permaculture

アーバンパーマカルチャー始動！

　この本は、僕らが住む世界を変えるための招待状。単に消費されるだけの商品とは違って、共感的な行動を引き起こすためのツールとして創られている。僕は是非、君にも加わってほしい。僕らのゴールは、あらゆる人々、あらゆる生命と共に、環境的に持続可能で、社会的に公正で、精神的にも満たされた「未来」を創造することだ。読んでくれているみんなに知ってほしいこと。それは、今、最高な冒険へのお誘いを受けているということ。そして、みんながもつ「違った部分」という贈り物が、この愛のムーブメントの発展には不可欠だということも。なにより、楽しくなること間違いなし！

　このページから先は、膨大な成長の可能性を秘めた「タネ」の集大成だ。その可能性を解き放つには、タネは植えられなければならないし、芽には水をやる必要がある、実がなったらお祝いもしなきゃ。すべては実験的だから、もし思った通りにいかなくても、「学び」という収穫を刈り取ろう！そうやって自らの意識を育てるプロセスこそが、僕らの革命／進化の中心にある。

東京アーバンパーマカルチャーとは

「僕」ことソーヤー海が、新しい未来をつくるために始めた活動。パーマカルチャー（p 12参照）の考え方や手法を用いて、巨大都市・東京の変革を目指している。東京にタネを植え、スキマを見つけてさまざまなことを自分たちでやってしまおう。ギフトの贈り合いで消費経済からすり抜け、立ち止まって自分自身を見つめよう。こうしたさまざまな実践を通じて、東京のあちこちで新しい芽を育てている。

　僕は都会の環境を変化させることに力を入れてきた。だって、都会こそが急いで変える必要のある場所だから。街は飽くことのない消費習慣で溢れ、政治と経済権力の中心となっている。福島の原発のメルトダウンが示したように、都会の貪欲さは地球が健全な食物や水、空気を生み出す力を脅かすまでになっている。そんな「現実」を僕はどうしても見逃すことができない。

　一方で、僕は都会の中心部こそがクリエイティブな革新のための拠点になり得ると思う。そこでは、世界中から集まった刺激的な人々がいつも実験を続けている。自分の夢を現実化するスキルを持った人々が、ギュッと詰まった空間でもある。想像してみてほしい。こうして集まった人々が、「どんな命も大事にされる」世界を創造するために、このすべての種のための壮大なプロジェクトにエネルギーを注ぎ込んだとしたら……。

　まさに今こそ、それを現実にする絶好の機会がやってきたよ！

　　　──東京アーバンパーマカルチャー代表　ソーヤー海

What's Urban Permaculture?

アーバンパーマカルチャーとは

パーマカルチャーとの出会い

僕がパーマカルチャー（Permaculture）と出会ったのは、2000年代後半に、中米を旅していたころ。大学の4年間と、卒業してからの数年を平和活動に身を投じていた僕は、自分のやり方に限界を感じ、自分を見つめなおす旅に出ていた。そして2007年、水道も電気もないコスタリカのジャングルに移り住んだ。

そこには、パーマカルチャーの創始者のひとりがまとめた本があった。植物をどのように植え、動物をどのように飼育し、家をどのように建てるか。少ない手間でいかに豊富な食料と、快適な暮らしを手に入れるか ── 。その本には、自然の恵みを人間の収穫に変えるため、自然をつぶさに観察し、数多くの試行錯誤の末に手に入れたに違いない、膨大な知恵がいっぱい詰まっていたんだ。

パーマカルチャーとは
「デザイン」のことだ

パーマカルチャーは、1970年代半ばに南太平洋の小さな島で産声をあげた。誕生の地は、オーストラリア大陸の南に浮かぶタスマニア島。当時タスマニア大学で生物学を教えていたビル・モリソンと、彼の教え子だったデビッド・ホルムグレンの2人が産みの親だ。

パーマカルチャーという言葉は、「permanent（永久の）」と「agriculture（農業）」をつなぎあわせ、彼ら2人がつくり出した造語だ。環境や生態系を破壊することなく、自然の豊かな恵みによって人間の必要性を満たす、さまざまな技術のこと。農業や生物学を基盤にしていて、植物の植え方から動物の飼育方法、家の建て方まで、カバーする範囲は広い。というと小難しく聞こえるかもしれないけれど、要するに、農村のお百姓さんなら誰もが持っていた知恵であり技術だ。

パーマカルチャーには、持続可能な農的暮らしを送るための技術が詰まっている。けれども、パーマカルチャーを農業技術としてだけ捉えると、その本質をつかみ損ねることになる。

パーマカルチャーとは、モリソンの言葉を借りれば、「人間にとって恒久的に持続可能な環境をつくり出すデザイン体系」だ。

「デザイン」とは、「モノとモノとの関係を適切に配置すること」。たとえば自転車ひとつとっても、ペダルやサドルといった部品が適切な場所になければ、自転車として用をなさない。正しい「関係性」で部品を組み上げてこそ、自転車は自転車として意味を持つ。

アメリカ・ポートランド市街のコミュニティガーデン　　ワークショップ中のソーヤー海

パーマカルチャーは、この「関係性のデザイン」という視点を、自然に当てはめたものなんだ。人間と自然、土と植物、植物と動物など、人間の暮らしの周辺にあるさまざまなモノ同士の「関係性」に注目し、それらを適切に配置すると、少しの資源で多くの恵みを得ることができる。

さらにパーマカルチャーは、人間関係や社会の「デザイン」にも応用することができる。そして何より、人間が自然の一部であり、自然と分かちがたくつながっていることを思い起こさせてくれる。

いわば、パーマカルチャーが提供できるのは「新しい生き方のデザイン」。いかに今ある状況、今ある自分の身の回りの資源を最大限に活用して、より幸せな、豊かな生き方を作れるかがポイントだと思う。

農村（Rural）から都市（Urban）へ

ジャングル生活を終えて、ニカラグアやアメリカ西海岸のブロックスというコミュニティでパーマカルチャーを学んだ後、僕は東京で活動することに決めた。パーマカルチャーで東京の問題を解決しようと思ったから。2011年の震災を経験して、東京が抱える問題が、福島の人たちの暮らしを脅かしていることに居ても立っていられなくなったんだ。

農村（rural）で生まれたパーマカルチャーを都市（urban）で応用する「アーバンパーマカルチャー（Urban Permaculture）」で都市の問題を解決することこそ、僕の進むべき道だと思えてきた。

パーマカルチャーには、「Problem is Solution」という言葉がある。「問題のなかに解決法がある」という意味だ。そう考えると、問題の多い都市は可能性の宝庫だ。

都市に根差す問題は、さまざまなものが不適切な「関係性」にあることに原因がある。それをひとつひとつ丁寧に観察し、適切な「関係性」のもとに配置しなおせば、都市での問題は、都市を生まれ変わらせる可能性へと変わる。知恵と技術を働かせてうまく工夫を凝らせば、新しい現実を形にすることができるはず。

アーバンパーマカルチャーは、都市に希望の光を灯す運動なんだ。

専門家（Specialist）から
よろず屋（Generalist）へ

「百姓」という言葉は、「百のことができる」というのがもともとの意味だ。そのニュアンスを別の言葉で置き換えると、「generalist（よろず屋）」とい

11

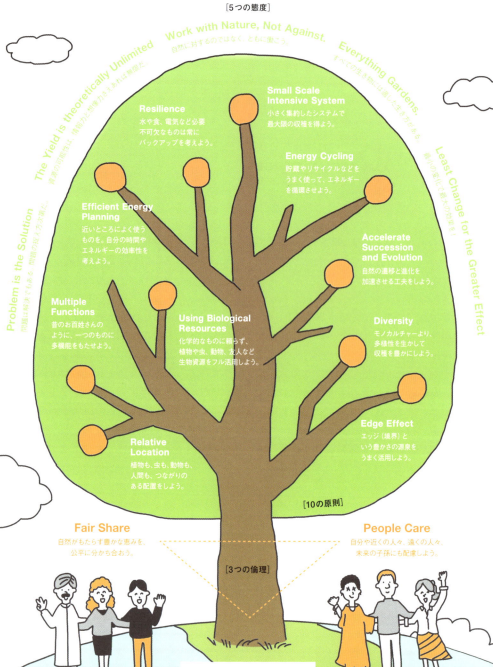

えるのではないかと思う。

都市には「百姓」がいない。その代わり、「specialist（専門家）」が溢れている。専門科目を学び、専門家として仕事を得る。ところが、ある専門職が注目されたと思えば、大勢が同じ職業に殺到し、買い叩かれ、必要がなくなると見向きもされなくなる。専門性を理由に、人間が使い捨てられるようになっている。

これは、都市で進行する精神や文化の「モノカルチャー」化だ。経済の「モノカルチャー」が、先進国と途上国の格差や搾取を生み、環境に大きな負荷を与えているように、精神・文化の「モノカルチャー」は、人間の心や暮らしにダメージを与えている。

いまこそ、「generalist（よろず屋）」としての生き方や働き方を見直すべきだと思う。

よろず屋の持つ多様な能力は、何かひとつがうまくいかなかったときに保険として機能してくれる。さらには、さまざまな分野の知識や技術を組み合わせることで、新しいものを生み出すこともできる。エンジニアでありアーティストでもあったスティーブ・ジョブズが、機能的で美しい数々の商品を世に送り出したみたいにね。

希望のタネは、若い人たちの心のうちにあると思っている。若い人たちこそ、都市の未来を担う「generalist（万能人）」の卵だ。そういう意味でも、若い世代が多く集まる都市は、可能性の宝庫なのだ。

農業（Agriculture）から文化（Culture）へ

よく言われることだけれど、パーマカルチャーという言葉には、「culture（文化）」の意味も込められている。

「文化というものは、永続可能な農業と倫理的な土地利用という基盤なしには長くは続きえないものだから」とモリソンは言う。「culture」の語源は「cultivate（耕す）」。土を耕すことなく、文化は育むことなどできないということだろう。

世界に中心があるとすれば、南太平洋の小さなタスマニア島は、辺境（edge）のようなところだ。

そこで生まれたパーマカルチャーが、いまや世界中に広がっている。植物の種が、風の力や鳥や昆虫たちによって遠くへ運ばれるように、パーマカルチャーという名のタネは、カウンター・カルチャー（対抗文化）やオルタナティブ・カルチャー（代替文化）の風に乗り、世界の各所へ広まり、実りをもたらしつつある。

そのタネは、ユーラシア大陸の外れにある辺境（edge）の地、日本列島にも辿り着いた。

南太平洋の辺境（edge）で生まれたタネを、日本という辺境（edge）で育み、花を開かせ果実を収穫すること——。

それには、土を耕すように心を耕すことが必要だ。真の「culture」は、肥沃な心を土台に育まれる。その実りを得ることを、アーバンパーマカルチャーは目指している。

イラストレーション／中根ゆたか

"Be the change you want to see in the world."

あなたが見たいと望む変化を、
あなた自身が起こしなさい

—— Mahatma Gandhi（マハトマ・ガンジー）

CHAPTER 1

Edible

Introduction
Grow Food, Grow Culture

-Edible Garden
 Design of Edible Garden
-Interview Kagure
-Balcony Garden
-Compost
-Aquaponics
-Domestic Animal
-Community Garden
-Edible Plants List
-Column by KAI
-Activity 01
-Dialogue 01 Homma Phil Cashman

アーバンパーマカルチャーガイ
ドの最初の章は、生きるうえで
最も重要な「食」について。その
考え方や実践から、都会にいる
と見失いがちな、食べることの
本来の意味が見えてくるはず。
さあ、新しい生き方を始めよう！

エディブルガーデンで収穫したばかりの植物をサラダにして。新鮮だからすごくおいしい！自然の恵みをダイレクトにいただくと、感謝の気持ちがわきあがってくる。

僕の友人であり尊敬しているパーマカルチャーデザイナー、フィルのガーデンは食べ物の宝庫。菜の花がおいしそうだったから、パクリ。こんな風にその場で食べるのもいいよね。

アメリカ・シアトルにある
「Bastille」というフレンチ
レストランの屋上。シェフ
自らこのエディブルガーデ
ンで、その日のサラダなど
に使う野菜を収穫している。

植える、育てる、食べる

Grow Food, Grow Culture

食べ物を育てて、文化を育てる

　パーマカルチャーでも最もワクワクするキーワードが「EDIBLE」だ。つまり「食べられる」ものを育てること。食べ物は人間が生きていくうえで欠かせないものだから、密接につながっていくことが重要だ。でも僕がこの章で伝えたいのは、ただ食べ物を育てるということだけじゃない。食を通して新しい社会や文化を作っていくこと。地球人としてこの自然界で生きていくというのはどういうことなのかに気づくこと。食べ物との関わり方や意識を変えていくことなんだ。

　僕たちの社会や文明の土台となっているのは "農" だ。都会での生活も、農業、食べ物なくしては成り立たない。だけど都市に住んでいる人の多くはどうやって食べ物ができるのかも知らないし、自分で育てたことがないから、もし外部から食べ物の供給が絶たれると、いざとなったときにどうしようもない。3.11のときのように、急にスーパーから食料がなくなってしまったら混乱が起きてしまう。だからこそ、都市でこそ食べ物を生み出す力が必要なんだ。

　食べ物を育てることは人間にとって大切なことも思い出させてくれる。種をまいたら、太陽や水で育てられて、虫たちがやってきて受粉を手伝ってくれて。一つのトマトの中に太陽や雨や虫たちや、さまざまな自然の営みを見ることができる。小さな種から巨大な可能性が生まれる、そんな自然の神秘が面白いし、人間も自然の一部なんだって気づかされる。

　自然農法の提唱者、福岡正信さんが「食・農業が私たちの命の源」ということを言っていたけれど、まさに食べ物を育てることは、命がどこから来ているのか再確認するプロセスだと思う。人間が自然の一員として、自然の恵みを大

切に受けとれば、豊かな暮らしを送ることができるんだ。

　ひとつ心に留めておきたいのが、食べ物がたくさんあるからといって、人は幸せになれるわけではないとうこと。本当の豊かさとは、スーパーでラベルを見比べる消費者であるよりも、安全で新鮮なものが食べられることや、その野菜が育つ過程を見ながら、自然のセンスオブワンダーを感じること。食べ物を育てることは、自然とのコラボレーションなんだ。人間が育てているんじゃなくて、自然が育てているところに人間が手を加えているだけ。自然とのコラボを楽しむことができるなんて、素敵なことだと思わない？　何より採れたての野菜は本当においしい。これだけは自分で育てないと味わえない、究極の豊かさだと思う。

　例えばコミュニティガーデンで子どもたちと一緒に育てたトマトを採ってきて、近所の人たちとピザを焼いて楽しく1日を過ごす。多年草を組み合わせていろいろ実験しながら植えてみれば、そこには新しい学びが生まれる。さらに新鮮な野菜を使ったおいしい食べ物を仲間と一緒に食べたり、楽しいイベントをすることもできる。一緒に食べることはつながりを築くのに欠かせないことだし、食べ物はすべての人をつなげる要素。食べ物を育てることは、文化を育てることでもあるんだ。

　僕が提案しているのは都市の食料自給率を100%にすることではない。それよりもむしろ、都市に住むすべての人が、少しでもいいから自分で食べ物を作る知恵と技術を身につけて、意識を変革していくことが大事だと思う。みんなが食料との関係を取り戻すことが、日本、そして世界に大きな変化をもたらすはずだ。

Edible Garden

植物を観察し、関係をデザインする

エディブルガーデンとは、食べられる植物を育てている庭や菜園のこと。一般的には、トマトならトマト、キャベツならキャベツだけというように収穫したい1種類または数種類の植物だけを並べて育てる。これはモノ（単一）カルチャーといって、大量生産を目的とする農業も、ほとんどこの農法を採用している。

一方、パーマカルチャーのエディブルガーデンは、多様な植物を一緒に育て、植物同士の関係性を育んでいく。普通の菜園に慣れていると、一見手入れされていないように感じるかもしれない。実際、パーマカルチャーはあまり手がかからないようにするのがひとつの目標だ。肥料や農薬を使わなくても、草むしりをしなくても、デザインがしっかりしていれば、十分収穫ができる。すごく効率のいいシステムなんだ。

パーマカルチャーでエディブルガーデンを作るときは、まず日照時間や季節など、その植物が育つために必要な条件を考慮して、共生させる植物の組み合わせを考えていく。うまくいけば、ほとんど手を加えなくても繁殖し、そのガーデンはまるで森のようになっていく。だから、パーマカルチャーのエディブルガーデンは、「エディブルフォレストガーデン」とも呼ばれている。夏は葉が茂る樹木の下で日陰を好む植物が育ち、秋に枯れた植物は冬の間に土にかえる。そして、春に芽吹くほかの植物の栄養素となる。エディブルガーデンは季節とともに常に移り変わり続け、僕らはそのなかで食べられるものを収穫する。

エディブルガーデンを作るときに最も大切なのは、観察をすること。植物は条件さえ揃えば育つけれど、同じ植物でもアメリカと日本では気候や土の質が違うから、同じ育て方をしてもうまくいかないことがある。日本国内でも場所によって環境が違ってくる。太陽の光が差す時間帯は？ 風通しは？ つまり、エディブルガーデンのデザインに定型はない。個々人が観察をもとに、アイデアを反映させていくのが一番だ。そんなふうに作るエディブルガーデンには、作り手のパーソナリティーが現れる。

エディブルガーデンに挑戦するときは、難しいことは考えず、とりあえず実践してみてほしい。なぜなら、どんどん失敗してほしいから。失敗するからこそ、成功の道が見えてくる。目的は、生かし合う関係性をデザインしていくこと。さぁ、自分の手でエディブルガーデンをデザインしてみよう。

東京にあるセレクトショップ「かぐれ 表参道店」のエディブルガーデンにて、甘酸っぱくておいしいクワの実を収穫！

アメリカ・ポートランドの、小さな都会型エコビレッジ。多年草のエディブルガーデンを3世帯でシェアしている。

Edible   Design of Edible Garden

Design of Edible Garden

エディブルガーデンのデザイン

　エディブルガーデンのデザインの要素には、植物だけではなく、虫や動物、そして、そこに住む人間、ありとあらゆるものが含まれる。デザインがうまくいけば、労働の無駄をなくし、心身ともに健康な自然に則した暮らし方ができる。右のイラストは、エディブルガーデンの例。自然の資源を循環させながら利用する知恵が随所にある。

　水は、屋根から落ちる雨水を貯めたり、家庭排水を浄水したりして使う。太陽光は最強の資源！ソーラー発電はもちろん、屋根に温水器を設置して、お風呂のお湯を作ることもできる。コンクリートなどの蓄熱体を建築に取り入れれば、寒い夜でも部屋の温度を上げられる。さらに、家の周りには、野菜や薬草を育てる畑やハーブガーデン。鶏やヤギなどの家畜を飼ったり、養蜂をしたりすれば、自分たちの手でより多様な食料を作り出せる。そして、人と人とをつなぐシェアスペースはエディブルガーデンをもっと豊かにしてくれる。

　さまざまな要素がつながり、循環する状態がエディブルガーデンの目指すところ。ゴミは出ないし、大切な資源を枯渇させることもない。自然の恵みを収穫しながら、ずっと豊かに暮らしていける。まさにパーマネント（永久の）アグリカルチャー（農業）。都会ですべてを実現するのは大変だけど、少しでも生活に取り入れたら理解できるはず。僕らにとってこうした暮らしこそ贅沢なんだって。

【オリジナリティー】

イラストはイメージ図なので自分の生活や風土などを意識して創造していく事が大事。試行錯誤しながらデザインするのがパーマカルチャーの面白いところ。オリジナルのパーマカルチャーを実践しよう！

【視野を拡げよう】

自宅やアパートのベランダだけではなく、視野を拡げて近所やアパート丸ごとをパーマカルチャーデザインに取り入れていこう！そうすると、活用できる空間や資源、コミュニティの多様性などから可能性がどんどん大きくなっていく。

❶ ベランダガーデン：ベランダや窓辺で食べられる植物を育てる。土地が少ない都会の家のスペースをフル活用。

❷ エスパリエ：植物を壁や塀に沿って育て平たくコンパクトに仕立てる手法。主に果樹やつる性の植物で行う。縦の空間を有効利用できる。

❸ ハーブガーデン：何種類ものハーブを育てることは、エディブルガーデンの定番。ハーブは丈夫だから手入れをしなくても雑草のように育ってくれるうえ、食用としてはもちろん、薬効、防虫も期待できる優れもの。ギフトにもしやすい！

❹ 野菜畑：ニンジン、キャベツ、ほうれん草などの身近な野菜を育ててみよう。葉物野菜の収穫は、使いたい分だけ葉っぱをちぎっていくと長続きするよ。

都会の家でのエディブルガーデン

5 ソーラーパネル：食べ物だけでなく、電気エネルギーも自給してみよう！太陽光は無償で降り注ぐエネルギー源。災害のバックアップとしても活躍。

6 作業場：種を鉢に植えたり、挿し木や接ぎ木をしたり、なにかと作業をする場所。しゃがみっぱなしでは疲れてしまうので、こうした作業場があると便利。

7 雨水タンク：雨どいから流れてきた水をタンクに貯めておき、畑の水やりや道具を洗うときに使用。水道水の節約になるし、緊急時にも頼りになる。

8 コンポスト：生ゴミや落ち葉を入れると、微生物などが肥沃な土を作るコンポスト。命の循環が間近で体験できるプロセス。できあがった土は、自家製肥料として畑や鉢へ。

9 コンテナガーデン：コンクリートが敷かれている場所では、コンテナやプランターで果樹や野菜を育てよう。都会の伝統的技。

10 温水器：太陽光で水を温める装置。ソーラー発電より安く効率的にエネルギーを太陽から収穫できる。

11 つる植物：ぶどう、キウイ、アケビ、ゴーヤなど、つる性の植物を屋根や壁面に這わせ、スペースを有効活用。隣の家と共同で育てても。

12 苗床：畑やコンテナに植えるため、あるいはゲリラガーデンで使うための苗を育てる場所。ギフトの保管所。

13 ギフトステーション：収穫した野菜や、読み終わった本、使わなくなった食器類などを、近所の人たちにプレゼント。ギフトの精神でより豊かな生活が実現する。

25

Edible　　Design of Edible Garden

ベランダでのエディブルガーデン

① **ハンギングバスケット**：吊るすタイプの鉢。空間を有効活用できて移動もしやすいので、狭いベランダにぴったり。逆さトマトがおすすめ。

② **盆栽**：観賞して楽しむ盆栽は剪定の技を極める練習にもなる。実のなる果樹の盆栽を育ててみよう。

③ **ミミズコンポスト**：生ゴミや紙くずなど家庭のゴミをミミズに与えて土を作るコンポスト。ベランダに置けばできた土をすぐに鉢へ移せる。

④ **巣箱**：鳥が来ればベランダがぐっとにぎやかに。鳥は害虫を食べたり、植物の種を運んだりもしてくれる。

⑤ **コンパニオンプランツ**：ひとつのプランターに複数の植物を共生させることで生育をうながす。ミニサイズの果樹の根本に背の低い植物を植えて、縦のスペースを生かす。

⑥ **鉢植え各種**：ベランダでのエディブルガーデンは鉢植えがお手軽。大小のサイズを、野菜やハーブなど種類に合わせて使い分け。

⑦ **手すり菜園**：ひっかけるタイプの鉢やフックで、手すりをガーデニング仕様に。工夫をして活用できるスペースを拡大しよう。

⑧ **アクアポニックス**：魚と植物が支え合う循環型システム。コンパクトに作れるので、ベランダや室内でも実践可能。

⑨ **干した果物や野菜**：収穫時に食べきれなかった野菜やフルーツは、干して保存食に。飾りにもなる。

⑩ **壁面菜園**：英語で「Vertical Garden」「Green wall」などと呼ばれている、壁型ガーデン。都会にある豊富な資源を最大限に活用しよう。

⑪ **きのこ栽培**：日が当たらない場所も、きのこの栽培だったら好条件。栽培キットが市販されている。収穫が終わっていらなくなったブロックなどは肥料にも使える。

⑫ **観葉植物**：空気を清浄する観葉植物で、室内に新鮮な空気を循環させよう。

エディブルガーデンを構成する7つのレイヤー

❶ 高木：栗、クルミなど高い木。

❷ 中・低木：リンゴ、柿など中くらいの高さの木。

❸ 潅木：ブルーベリー、ローズマリーなど低い木。

❹ 草本：キャベツ、レタスなど木にならない植物。

❺ グランドカバー：ミント、カボチャなど地を覆う植物。

❻ 根菜：ニンジン、大根など食べられる根をはる植物。

❼ つる：キウイ、ぶどうなど何かに絡んで伸びていく植物。

❽ 養蜂：花を求めてやってきた蜂からは、蜜をもらう。

❾ 鳥の住みか：鳥は木の実を食べて種を運ぶ。歌も提供してくれる。

❿ ガーデナー：大きな役割を果たす人間も生態系の一部。関わり方を考えよう。

　エディブルガーデンのデザインは、植物の「レイヤー」を意識するのがコツ。レイヤーは、上記の7つのほかにも、水辺で育つものや、きのこ類などもある。レイヤーが異なる植物は、求める条件も異なるので、一箇所に共存できる工夫を施そう。さらに虫や鳥、ガーデナーを含めると、エディブルガーデンには影響をし合うたくさんのレイヤーが存在している。P24〜26で紹介したエディブルガーデンの家とベランダにも、よく見ると植物に複数のレイヤーがあることがわかる。パーマカルチャーでは、レイヤーがいくつもあるデザインを模索していくことが大事。そうして、食料だけでなく、薬、木材、燃料、繊維、肥料、楽しみなども収穫しよう！

Edible　　Interview

Kagure
｜かぐれ｜都会の真ん中にあるエディブルガーデン

緑に囲まれた「かぐれ 表参道店」の入り口。

　表参道という都会のど真ん中に、小さなエディブルガーデンがある。セレクトショップ「かぐれ」の庭だ。大通りから脇道に入り、歩くこと数分。コンクリートの建物の間に現れる緑の空間に「なんだろう」と歩みを止める人もいるはず。かぐれのディレクションを手がけている渡辺敦子さんに話を聞いた。
「2008年にこの店がオープンする際、まだ庭がまっさらな状態のときに、柿やクワやビワなど、日本人に馴染みのある食べられる植物を中心に種や苗を植えました。決して広いスペースではありませんが、ここを都会にある野山のような場所にしたかったんです。最初は今よりも寂しかったんですが、ほとんど手を加えていないのに、どんどん植物が生長して……。人の背丈ほどだった木も、今では2階の窓に届いています」
　確かに、ここに生えている植物たちは本当に元気！ それぞれが枝を伸ばし、緑のトンネルができている。「植えた覚えのない植物も増えました。例えばケヤキ。すぐそこの通りにある街路樹から落ち葉を集めて土の上に敷いていたことがあるんですが、そのときに種が混ざっていたみたい。

左上／かぐれのガーデンは都会の一角にある小さな森。　右上／食べ頃をむかえたビワの実に手をのばす渡辺さん。　左下／みんなが大好きな木イチゴはすぐになくなる。　右下／店の2階はワークショップの場に。　「かぐれ 表参道」オーガニックコットンの服や天然素材の雑貨を揃える、日本初グリーンファッション発信のショップ。商品だけでなく、お店の内装も天然素材と手仕事の集結でできている。　❸東京都渋谷区神宮前4-25-12 MICO神宮前　03-5414-5737　🕐11:30〜20:00（不定休）　http://www.kagure.jp/

今でも、植物は日々変化しています。足下に茂る草なんて毎年違っていて、今年の春はどくだみが一面に広がりました。出勤するたびに、こうした生態系の変化を観察するのが楽しみです」

植物がある場所には、食べ物を求めて必ず虫や鳥がやってくる。それだけでなく、近所の小学生たちもビワや木イチゴを食べにくるそう。

「ここの植物はかぐれの所有物ということにはしていません。それこそ野山のように自由に出入りしていいし、植物を持ち帰ってもいいんです。植物は、このとおりどんどん増えますしね（笑）。

さらにかぐれでは、この庭の恵みを利用したワークショップも開催しています。先日は、植物の実や葉を収穫して酵素ジュースを作りました。どくだみ茶も作りたいですね」

一見自然とは縁のなさそうな場所で食べられる食物を育て、自然と人とのつながりを取り戻していく。それがいかに僕らの心や体を健やかにしてくれるか、渡辺さんの笑顔が物語っている。かぐれの庭は、まさにアーバンパーマカルチャー。こうした場所や人が増えていけば、都会の生活はもっとハッピーになるはずだ。

Edible　　Balcony garden

Balcony Garden

どんなところでも、食べ物は作れる

エディブルガーデンを作るには、やっぱりある程度の土地が必要だから、都会では難しいかもしれない。だからといって諦めなくていい。ベランダでも十分実践できる!

エディブルガーデンの重要なポイントのひとつに、「既にある資源を活用する」ということがある。例えば、田んぼの稲を精米した後には大量の籾殻が出るけど、パーマカルチャーの思考だと、その籾殻はゴミではなく、重要な資源だと考え、畑の肥やしなどにして生かしていく。デザイン次第で、ムダなものはなくなる。そもそも、自然界にムダなものなんてひとつもない。「ゴミ」というのは、資源を循環させることができない人間が作り出した産物なんだ。

だから、都会に溢れているゴミだって、パーマカルチャー的な視点でみれば、資源にできる。用が済んだ牛乳パックやペットボトル、缶詰の缶……誰の家にでもあるそうした容器のゴミは、鉢として利用しよう! そうすれば、わざわざ鉢を購入するお金も労力も必要なくなる。おまけに、ゴミが減るから環境にもやさしい。

いざ植物を育てるとき、ひとつの鉢にひとつの植物を植えてももちろんいいけど、ぜひ複数の植物を共生させてみてほしい。これを「コンパニオンプランツ」という。定番は、トマトとバジル。トマトは余分な水分がない方がよく育ち、バジルは土中の水分を多く吸収する性質があるから、一緒に植えるとそれぞれにとって好都合だと言われている。このペアは味の相性も抜群で、同時期に両方収穫して、おいしいパスタやサラダ、マルゲリータなんかを作ることができる。

もし家のベランダが狭かったら、縦のスペースを有効活用すればいい。鉢に紐をつけて窓辺に吊すのもひとつの方法。それから、ゴーヤやぶどうなど、つる性の植物で緑のカーテンを作ってもいい。夏は葉が茂って強い日差しを遮ってくれるうえに、実を収穫できる。一石二鳥!

忘れてはいけないのが、デザインのなかに自分を組み込むこと。生活スタイルや間取りに合った植物の育て方をしないと、面倒になってしまうかもしれない。例えば玄関先で育てて、毎日出かけるときと帰ってきたとき、1日2回決まった時間に観察するように決めてもいい。ソファーの近くに鉢を置いて、リラックスタイムにコーヒーを飲みながらのんびり観察してもいい。自分の行動パターンを考慮しよう。

このように、アイデア次第でどんな環境でもエディブルガーデンは作れるんだ。

資源を利用する

容器を切って、鉢植えに。

僕らがゴミだと思っているものだって、発想を変えれば役に立つ。資源の特徴をとらえながら、アイデアを出そう。手間のかからない簡単な方法がいい。写真は手作りの鉢を、太陽の光が入る南向きの窓辺一面に吊した例。

カーテンにする

つる性の植物は季節に応じて変化する優秀なカーテン。夏は葉が日差しを遮るから室内を涼しく保てる。秋になると葉が落ちて、太陽の光がたっぷり室内に入る。

一緒に植える

たとえ小さな鉢植えでも、小さいなりの生態系をデザインしてみよう。写真はイタリアンパセリとチャイブのコンパニオンプランツ。一緒に植えることで共生関係が生まれる。

31

Edible　　Balcony Garden

Cecilia Macaulay

家の中も外も、コミュニケーションも、
"美しく"デザインする

上／オーストラリアにあるシェアハウスの中庭にデザインしたゴシックガーデン。下／寒くて日当りの悪い場所を「暑い日にエアコンなしで涼める場所」にデザインしたイラスト。

©Kit Haseldon

セシリア・マッコーリー／大学でインテリアデザインを学び、世界各地のエコビレッジを訪問して歩いた後、現在はシドニーでシェアハウスを運営。世界中から訪れるゲストやWOOFERとアーバンパーマカルチャーを実践している。また、かつて日本に住んでいたこともあり、日本語も堪能。定期的に来日してパーマカルチャーを教えている。

左上／横浜市にあるアートスペース「アサバ・アートスクエア」の小さな庭。セシリアが2010年にデザインしてから今も生態系が移り変わっている。 右上／同庭のデザインイラスト。レモンの樹を中心にバジル、ミント、ラディッシュなどたくさんの食べられる植物を植えている。 左下／ガーデン作りは豊かなコミュニケーションも生む。 右下／日当りの悪いスペースでも、きのこを栽培すれば生かされる。

　僕が尊敬しているパーマカルチャーデザイナーのひとりに、オーストラリア在住のセシリア・マッコーリーという女性がいる。彼女のデザインには美的センスがあって、いつもワクワクさせられる。例えば左ページの写真。ある日、セシリアは黒いプラスチック製の植木鉢を見て「美しくない」と思ったそう。でも、パーマカルチャーではそこにあるものに対して「悪いものはない。正しい場所に置かれていないだけ」と考えるから、黒い植木鉢を魅力的にするために、このゴシックガーデンをデザインした。ブラックベリーやナス、ブラックケールなど、黒と紫色の食べられる植物を植えてコーディネイトしている。

　また、彼女はイラストでもパーマカルチャーを表現する。左ページのイラストは日当りの悪いベランダをデザインしたもの。ピンクを基調にしているのは、暗い場所でも明るい雰囲気になるように。軒先には日光をキャッチしやすいようハンギングバスケットで香りのよい花を吊るしている。水やりには高すぎるから雨樋から自動給水する仕組みだ。

　現実的な条件や制約をクリアし、さらに住んでいる人にとって心地よいインテリアにデザインする。すると、そこでのコミュニケーションも自然と気持ちのいいものになる。パーマカルチャーには農的イメージがあるけれど、セシリアは新しいデザインの可能性に気づかせてくれる。

Edible　　Compost

Compost

生ゴミが豊かな土になる循環デザイン

左／ミミズコンポストで生ゴミが土になっていく様子。野菜や果物のくず、茶がら、コーヒーがら、紙くず、卵の殻を入れて、乾燥防止にジュート製のブランケットをかぶせている。　右／生ゴミが土になっていく過程で出る液肥。水で麦茶の色くらいに薄めて植物にあげるとよく育つ。野菜、花、観葉植物など、すべての植物に使用可能。

　家庭から出る生ゴミを栄養たっぷりの土に変えるのが、コンポスト。さまざまな種類があるけど、基本的には箱型などの容器で、中にはミミズや微生物がいる。それらが生ゴミをあっという間に分解してくれる。自然界でも、落ち葉や動物の死骸が土になっていく過程で、ミミズや微生物が活躍している。コンポストは、そのスピードを速める装置だと考えるとわかりやすいはず。

　コンポストのある暮らしには、こんな循環が生まれる。生ゴミをコンポストに入れる→生ゴミが分解されて肥料になる→その肥料を植物に与える→育った植物を収穫して食べる→出た生ゴミをまたコンポストに入れる……。コンポストを使い始めると、自分が自然の循環の一部だということを実感できる。食べるという行為を通じて、ミミズも土も植物も、そして僕らもつながっている。

　コンポストの種類で有名なのがミミズコンポスト。最初は抵抗がある人もいるかもしれないけど、コンポスターと呼ばれるコンポストに適したミミズは小さくてかわいいから、ペット感覚で付き合える。それから、生ゴミではなくうんちを入れる、トイレコンポストなんてのもある。生ゴミもうんちも、本来は汚くなんかない。ミミズや微生物にとってはごちそうで、彼らが喜んで食べることで、僕らは肥沃な土を手に入れることができる。ゴミの減少にもなるし、肥料も買わなくて済むんだ。

世界で普及しているミミズコンポスト

「CAN-O-WORMS」を日本で輸入販売しているケンプ ジェームズ、モモコ夫妻。定期的にコンポストのワークショップも行っている。

生ゴミやうんちから肥料を作る農法は昔からあるけれど、商品としてのコンポストは、日本ではまだあまり普及していない。一方世界を見ると、コンポストは20年前から市場に出回っていて、オーストラリアにいたってはどこのホームセンターでも必ず置いている。世界で最も売れているコンポストは、「CAN-O-WORMS」というミミズコンポスト。コンポスト用のミミズは、日本円だと1kg 8,000円程度で購入できる。繁殖したらコンポスト仲間で分け合おう。ミミズはベジタリアンだから、与える生ゴミは野菜が中心。気候によって元気な日もあればおとなしい日もあって、観察しているとミミズが好む環境がわかってくるはず。ミミズコンポストでできあがる土は良質で、エディブルガーデンをより充実させてくれる。

世界中に愛用者が数十万人いる、組み立て式ミミズコンポスト「CAN O WORMS」30,240円(ミミズ1kgセット)。
http://www.tumbleweed-japan.com

バクテリアで分解する都会型コンポスト

水分を多く含む生ゴミは、焼却炉で燃やすにもひときわコストがかかる。コンポストを利用する家庭が増えると、地域にとってもゴミの減少になっていい。神奈川県の鎌倉市や葉山町では環境問題の取り組みの一環としてコンポストを推奨していて、自宅にコンポストを設置する費用の最大95%を市や町が負担する制度を設けている。これらの地域で導入されているのが、「キエーロ」という、バクテリアが生ゴミを分解するコンポストだ。キエーロのバクテリアはミミズと違って肉や油を好むため、カップラーメンの汁や天ぷら油も、キエーロに入れて土をかぶせておくだけで、きれいに消える。また、ミミズコンポストのように土や液肥が出ないので、使い道に困ることもない。都会のライフスタイルにマッチした、今注目のコンポストだ。

土置き用「バクテリアdeキエーロ」14,000円、ベランダ用「ベランダdeキエーロ」16,500円。1日の生ゴミ処理能力はそれぞれ800gと500g。
http://kiero.jp

Edible　　Aquaponics

Aquaponics

魚と野菜を同時に育てるユニークなシステム

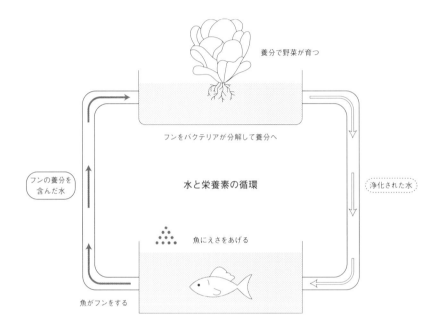

アクアポニックスとは、魚の養殖（Aquaculture）と野菜の水耕栽培（Hydroponics）を合わせた造語。アメリカで生まれた栽培方法で、水槽で魚を育て、その魚のフンを養分として野菜を栽培し、野菜が水をキレイにして、その水が水槽に戻るという循環を作っていく。こんな風に、土を使わず野菜を育てるのもユニーク！ 設置場所や規模をコントロールできるので、都会でも実践しやすい。

もともと水耕栽培の歴史は世界の至るところにあり、それを現代版に発展させたのがこのアクアポニックス。水を有効活用できるので、水分不足に悩んでいる地域でも農業ができる。また、野菜を育てるために農薬を使うと魚が死んでしまうから、自然と無農薬になるし、土がないから害虫が発生しにくい。循環サイクルが安定すれば、日々の管理は魚のえさやりで、時々水質のチェックをすればいいという手軽さもうれしい。

アメリカではおしゃれなキットも発明されているアクアポニックス（日本でも発売予定）。市販のアイテムで手作りもできるよ。

家で作れるアクアポニックス

上／アクアポニックスを手作りする場合は、2段ラックを用意し、上段に床材を入れて、下段に水をはる。そして、ポンプでそれぞれをつなげる。下／ポンプを電源につなぎ、水槽の水を上段へと吸い上げる。吸い上げた水は床材のなかへ。すると、その水を吸収して植物が芽を出す。

取材協力：「おうち菜園」http://ouchisaien.com/

素敵なインテリアにも！

アメリカの大学生が開発したアクアポニックスの栽培キット、「AquaSprouts」。水槽の上からはめ込んで使用する。LEDライトが内蔵されているので、日の当たらない場所でもOK。

© AquaSprouts http://www.aquasprouts.com

ニューヨーク生まれの「Aqualibrium」は45cm四方のタンクを上下に重ねるタイプのキット。大きめサイズでたくさん収穫できる。コロンとした形がかわいく、複数並べてもおしゃれ。

© Aqualibrium http://www.aqualibrium.com

アクアポニックスに向いている魚と野菜

【魚】金魚・鯉・ティラピアなど
淡水魚のみ飼育可能。水槽の大きさに合わせて、まずは観賞用か食用かを選ぼう。ティラピアは日本では沖縄や鹿児島県南部の湖に生息している白身魚。海外では食用としてナマズやバスを育てることもある。

【野菜】葉もの野菜・ハーブ・イチゴなど
葉もの野菜がおすすめ。アクアポニックスでは、土ではなく「ハイドロトン」などの床材を敷きつめるため、根菜はNG。虫がつきにくく、環境次第でキュウリやトマトなど、さまざまな野菜を育てることができる。

Domestic Animal

動物の習性を最大限に生かす飼い方

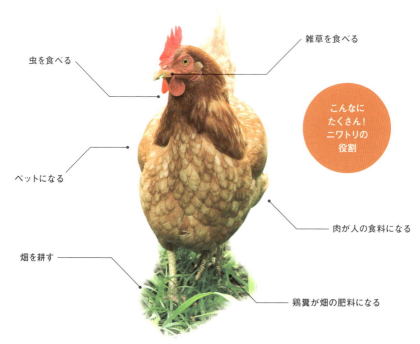

こんなに たくさん！ ニワトリの 役割

- 雑草を食べる
- 虫を食べる
- ペットになる
- 畑を耕す
- 肉が人の食料になる
- 鶏糞が畑の肥料になる

　家畜は農的暮らしの大切なパートナー。肉はもちろん、鶏だったら卵、牛だったら牛乳などの食料も提供してくれる。さらにパーマカルチャーでは、家畜の役割はそれだけにとどまらない。動物の習性を生かして、エディブルガーデンのデザインに組み込んでいこう。

　どういうことか、鶏を例に説明しよう。鶏を畑に放すと、人間の変わりにいくつも仕事をしてくれる。まず、エサになる虫や草を探して足とくちばしで地面をかくから、土を耕してくれる。それから、雑草を食べてくれる。フンをすればそれが肥料になる。当然だけど鶏に働いている意識はなくて、習性に従って動いているだけ。飼い方次第でこんなに手助けしてくれるんだ。

　だから、卵を産ませるだけの目的でケージに閉じ込めておくのはかわいそうだし、もったいない！鶏が伸び伸びと行動し、かつ手助けしてくれるデザインをしよう。雌鳥だったら、泣かないから都会で飼っても近所迷惑にならない。生ゴミも食べてくれる。さぁ、おいしいmy eggを手に入れよう！

田舎でも都会でも！家畜のいる楽しい生活

一般家庭の **ニワトリ**

上／大切に飼っていれば、鶏もなついてくれる。ペットとして心を癒やしてくれる存在に。　下／鶏が産む卵は、大事な食材。ストレスなく育っていると卵もおいしくなる。産みたてをいただけるのも贅沢。

「銀座ミツバチプロジェクト」の **ハチ**

都市と自然環境との共生を目指し銀座の屋上で養蜂を行っているプロジェクト。皇居や日比谷公園、街路樹などから集めたハチミツは銀座の飲食店でも使われている。🏠東京都中央区銀座3-9-11紙パルプ会館　http://www.gin-pachi.jp/

「桜丘カフェ」の **ヤギ**

渋谷駅から徒歩4分のカフェ。テラスの小屋で2匹の「しぶやぎ」を飼っている。首輪をつけて散歩をする愛らしい姿が話題に。
🏠東京都渋谷区桜丘町23-3 篠田ビル1F
http://www.udagawacafe.com/sakuragaoka/

コミュニティで育てる試みも！
「地域チキン」

「一人で鶏の世話をするのは大変そう」という人は、複数名で協力してみては。神奈川県・藤野地域では、そうしたプロジェクトを進めている。その名も「地域チキン」。交代で世話をし、鶏小屋の様子はフェイスブックで共有。卵や肉はみんなで分け合う。

Community Garden

人の多様性も育む場所

　僕がアメリカにいるとき好きだったコミュニティガーデンは、サンクルーズのホームレスガーデン。ホームレスを支援するため、大学生やシリコンバレーで働いているSEや、さまざまなボランティアが集まって一緒に有機農業をやるプロジェクト。ホームレスの人たちは、ひと通りの農業を学ぶことができて、自分で食べ物が作れて、農業家として社会復帰できるようになる。

　ホームレスや学生、シリコンバレーで働いている人など、普段接しない人たちが一緒に野菜を育てて、ご飯を作って食べる。コミュニティガーデンは、肩書きとは関係なく、いろいろな人がつながりやすい場だ。自然に囲まれたリラックスできる空間で、雑草抜きや種まきなどの作業も初心者でも簡単にできるものだから格差がない。畑のやり方を学び、自然の恵みで一緒にご飯を作って、おいしく食べて、いろいろな人と関わることができる。食料だけでなく、家に飾る花や薬になるハーブ、燃料になる薪なども収穫できるし、心の癒しや人とのつながりなど、1日の中にたくさんの収穫があるところがやみつきになる。

　都会なら住民を巻き込んで、マンションの屋上で菜園を始めてみるのもいいと思う。みんなで場所の使い方を考えたり、定期的に集まってご飯を食べながらミーティングをしたり、収穫祭をしたり。すべての学校にも畑をもってほしい。食べ物を育てることは、地球上で生きるのに欠かせない学びだから。

　僕がいた大学にも学生だけで運営するコミュニティガーデンがあって、そこで友達ができたり、実験をしながら学べたり、イベントをやったり、面白い空間だった。1年間育てて、収穫は次の年の学生がする、というギフトな仕組みだった。

　ただ野菜を収穫することだけが目的ではなくて、食を通してコミュニティを育てることが大事だと思う。例えば中国人やインド人、ブラジル人とかいろいろな国の人と一緒に農作業をするのも楽しい。畑を通して文化的な交流をして、平和なコミュニティを実践していくこともできる。

　食はすべての人をつなげてくれる美しい恵みだ。そしてコミュニティガーデンは、そうした豊かな生活を育む場所なんだ。

ポートランド中心部にある低所得者向けアパートのすぐ下には住人たちのコミュニティガーデンが。世界各国のEDIBLEな植物が植わっている。

シアトル市水道局の所有地のコミュニティガーデン「Food Forest」で共有コンポストの引っ越し中。

ガーデン内にはキノコやホップなど植物に関する豆知識の紹介も。

1.東京・足立区のエコアパート「花園荘」のコミュニティガーデン。　2.名古屋市内の徳林寺「トーマス農園」はさまざまな人が集まる場になっている。　3,4.多摩市愛和小学校のエディブル・スクールヤード。総合の時間で小麦を育て、ピザを作る授業などを行なう。　5.吉祥寺にある菜園付きシェアハウス「井の頭ファーム」で収穫された夏野菜たち。　6.旧中学校を利用した「アーツ千代田3331」の屋上オーガニック菜園。

Edible　　Edible Plants List

Edible Plants List

都会でも育てやすく、生活に役立つ、おすすめの植物をご紹介。
それぞれの特性を生かして、コンパニオンプランツにも挑戦してみてよう!

Parsley × Chive　SP
パセリ×チャイブ

使わなくなった缶詰の缶や紙コップなどは、鉢として再利用を! ミニサイズの鉢ができたら、室内でハーブ類のコンパニオンプランツを試してみては? 例えばパセリとチャイブ。パセリは室内でも育てやすい。チャイブも直射日光は苦手。チャイブは長ネギと同じネギ属で、根には病原菌を退治する菌がいる。この菌の働きを利用して、病気に弱い植物と一緒に植えてもいい。

Tomato × Basil　LP
トマト×バジル

代表的なコンパニオンプランツ。トマトの根本にバジルを植えよう。鉢植えの場合はミニトマトでもOK。この組み合わせは、互いに生育を促進する作用がある。味の相性もよく、収穫したらそのままサラダやパスタ、ピザにできる。バジルは半日陰を好むので、背丈のあるトマトが日を遮ってもちょうどいい。また、バジルの独特の香りには、特定の害虫がつくのを防ぐ効果もある。

✦ 育てやすいエディブルプランツ ✦

ビワ
放っておいてもどんどん成長する果樹。実がフルーツとして食べられるほか、葉は肌にあててお灸をする「ビワの葉温灸」をはじめ、入浴剤代わりにお風呂に入れたり、エキスを抽出して化粧水にしたりと、薬用としてさまざまに活用できる。

ふき
野山によく自生しているふきは、繁殖力が強く、日陰でも育つため、果樹など高さのある植物とのコンパニオンプランツにぴったり。料理に使うのは葉柄の部分。春先は花茎のふきのとうもいただける。多年草なので、一度植えたら毎年収穫できる。

フェイジョア
高さ2〜4mの常緑樹で、亜熱帯に分布するが、寒さには強い。6月に咲く花は、白い花びらと真っ赤な蕊が美しく、食べるとほんのり甘いエディブルフラワー。秋には甘酸っぱくてトロピカルな味の実を収穫できる。挿し木で増やせる。

山椒
香辛料でおなじみの山椒は、成長の早い落葉低木。あまり日が当たらなくても育つので、都会の建物の陰でも育てやすい。6月頃に熟す前の実を収穫する。実や花は佃煮にするとおいしい。若葉も香りがいいので薬味になる。

イラストレーション／村上加奈子

アイコンの見方　SP=Small Pot［小さい鉢］　LP=Large Pot［大きい鉢］
PL=Planter［プランター］　G=Garden［庭］

Grape × Clover `PL`
ぶどう×クローバー

緑のカーテンはゴーヤが有名だけど、あまり知られていないぶどうもおすすめ。夏は日を遮ってくれるし、冬は葉が落ちるので、室内の温度調節にも役立つ。よく茂り、風にも強くて、何よりおいしい！ ぶどうと一緒に植えるといいのが、クローバー。いんげんなどマメ科の植物と同じで根に根粒菌があるから、土を肥沃にしてくれる。さらに害虫を食べてくれる益虫を呼び寄せる効果もある。

Fig × Mint `G`
いちじく×ミント

いちじくは挿し木で簡単に育てられるため、初心者でもチャレンジしやすい。ほかにも、果樹ならブルーベリーやキンカン、グミなどが人気。一緒に植えるとしたら、果樹に多少日を遮られても育つミントやレモンバームなどがおすすめ。ハーブ類は丈夫に育つうえに、お茶にしたり、お菓子作りの材料にしたりと、使い道がたくさんあるので、エディブルガーデンには欠かせない。

いんげん
つるがある種とない種があり、つるがある種は支柱をつけるか、緑のカーテンにしてもいい。いんげんのようなマメ科の植物の根にある根粒菌が空気中の窒素を取り込むため、土壌を豊にしてくれる。ナスやジャガイモと一緒に植えても相性がいい。

みょうが
薬味や天ぷら、つけものなどに人気のみょうがは、根元近くから出る花穂を収穫する。日陰を好むので、建物や、葉が生い茂る植物のそばでも育てられて、手間もかからない。冬になると枯れるが、多年草なので毎年ひとりでに芽が出る。

ローリエ
別名ベイリーフ。葉の香りがいいからスープやお風呂に入れて楽しめる。胃や肝臓など消化器系に薬効があるといわれている。丈夫で鉢でも育てやすく、日陰にも耐えうる。地植えだと高木になるから、葉っぱを利用して垣根にするのもいい。

ゆすらうめ
英語ではナンキンチェリー。低木で春〜初夏にさくらんぼに似た風味の実ができて、甘さと酸味がおいしい。病気に強く、多少の陰にも耐えられる。低木だからベランダなど狭い場所でもOK。挿し木で増殖できて、バラ科の果樹を接木することもできる。

45

Edible　　　Column　　　　by Kai

七世代先の命は
今を生きる僕らにかかっている
〜キューバと江戸にみる成功例〜

by KAI

　ネイティブアメリカンの教えで、僕がいつも心にとめている言葉がある。"セブンジェネレーション"。意味は、「何事も決断するときは、七世代先のことを考えよう」ということ。僕らはせいぜい100年以内には死んでしまうけど、僕らがやったことの影響は子どもから子どもへと残っていく。だから、何かを判断するときは、長いスパンで考えることが重要なんだ。

　セブンジェネレーションが意識しているのは、生命としてのつながり。僕らが生きている今の世界は、僕らの前に生きていた人たちがちょっとずつ進化させてくれたもの。祖先から子孫へ、僕らはつながりの一部だということを、忘れてはいけない。それなのに、今の僕らは子どもの未来を駄目にするような判断ばかりしてしまっている。例えば、資源の問題。こんなに魚を乱殺していたら、何世代か先の子どもたちは、マグロやうなぎを食べられないかもしれない。それよりも深刻なのは、資源を取り過ぎることによって地球上の生態系が不安定になってしまうこと。気候変動はまさにその事例のひとつで、国によっては水がなくなって土地が砂漠化したり、豪雨が頻発して洪水が起きたりしている。資源の問題は、僕らの前

の世代、工業革命の時代から受け継いでしまっているんだ。

　そんななか、僕らが七世代先まで何を残すべきか。それは、「健康的な生態系」だ。もともと生態系というのは常に変化しているものだから、ひとつの形態が続くのではなく、どのように変化していくのかが肝心で、簡単に言うと多様性が維持されていくのがいい。多様性があるということは、たくさんの生き物がその生態系で養われているという証。生命がより豊かに発展できるような生態系の変化は、まさにパーマカルチャーが目指しているところなんだ。

　もし今のまま資源を使い続けていると、生態系の多様性がどんどん失われてしまう。人間だって生態系の一部だから、いずれは犠牲になるかもしれない。そうしたら、七世代先まで生命をつなぐことさえできなくなる。明らかに、このままではいけないと思う。

　でも、僕らが育った文化的背景には「自分が一番大切！」という価値観が根づいている。人生のうちで会うことのない子孫のことなんて考えないから、短絡的な便利さや豊かさを求めて、平気で長期的な負担を増やしている。石油という資源

をプラスチックに変えて、用が済んだらそのプラスチックを捨ててゴミを残す。ゴミは分解されないし有毒だから、七世代先の人たちは欲しくないはずなのに。でも、それは僕らが悪い人間なのではなく、ただセブンジェネレーションの視点がないだけ。おかしなことをしているって気づいてないだけなんだ。

　常識ってすごく変えづらいもの。今のまま資源を使い続けてはいけないとわかっても、みんなずっと信じてきた「大丈夫」という感覚をすぐには手放せない。いつもと違うことを言い出すと、周囲も「何言っちゃってるの？　突然」って認めない。でも、常識が真実とは限らない。みんな、真実から目を背けないでほしい。

　僕が活動のなかで目指しているのは、こうした意識の革命なんだ。みんなの意識が変わらない限りは、いつまでたっても生態系が貧しくなっていく今の現状を解決できない。一人ひとりがセブンジェネレーションの視点を持てば、世界の見え方も、生活も、すごく変わるはずなんだ。その延長に、アーバンパーマカルチャーの実践がある。

　ところで、意外かもしれないけれど、アーバンパーマカルチャーの成功例として有名なのが、キュ

ーバと江戸の町なんだ。キューバは、ずっとソビエトに支援されていたけど、ソビエトが崩壊し、アメリカから経済封鎖を受けたから、貧しい国になってしまった。そこで、食料不足の危機を解決するために、ハバナでアーバンパーマカルチャーが活用されたんだ。屋上やテラスなどで家庭ゴミをエサに家畜を飼育し、野菜もお金がかかる化学肥料や除草剤を使わずに、コンポストなどを使って育てた。

　一方、江戸時代の日本は鎖国をしていたから、限られた世界で資源やエネルギーを循環させる必要があった。着物は仕立て直しをしながら繰り返し着て、古くなったらおむつや雑巾にして、最後は燃料にした。ゴミはひとつも出ない。当時の人たちは意識していなかったけれど、やっていることはまさにアーバンパーマカルチャーだったんだ。

　キューバも江戸も、政治的な背景が先だってアーバンパーマカルチャーが花開いた。今の日本には政治的な制約はないけれど、意識の革命によって同じように成熟した循環型社会を作り上げることができると思う。キューバと江戸の実例が証明しているように。僕たち次第で、七世代先の子どもたちが幸せに暮らせる環境を残せるはずだ。

47

ACTIVITY

ブロック塀を壊してコンポストを作ってみた!

家の前の溝にたまった落ち葉をかき分けたら、肥沃な土が出てきた。幼虫やミミズも住んでいる。まさにコンポスト状態!

即席で作ったダンボールコンポスト。溝にたまっていた枯葉や土を入れたんだけど、すぐにダンボールがくさっちゃった……。

　僕の実家はどこにでもあるような一軒家だけど、購入時に業者にお願いして幅50cm長さ2mくらいの小さな花壇を2つつけてもらった。最初はそこに砂利が詰まってたんだけど、お母さんが土に入れ替えて、チェリーとかブラックベリーとか好きなもの植えてたんだ。

　僕がアメリカからパーマカルチャーを学んで帰ってきたとき、花壇を見てまっさきに「うわ、これ食べ物の森にしたい!」と思ったね。さっそく食べたい植物を植えてみたら、どんどん勝手に育っていく。鳥のフンに種が混ざっていたのか、クコの木が育ち始めて、根っこでコンクリートをバリバリ割ったりもした。

　ただ困ったこともあった。そのエディブルガーデンは、木から葉っぱがたくさん落ちて、家と道路の間にある溝にたまってしまう。そうすると、近所の人から苦情がくる……。ある日、仕方なく溝を掃除をしようとしたら、葉がくさって水肥になっているのを発見したんだ。よく見ると、ミミズや幼虫もいる。「これ収穫できるじゃん」って思った。つまり、溝が自然とコンポストになっていた。結果的にパーマカルチャーのデザインになってたんだよ。最高じゃん!

　それでひらめいた。これだけ葉が落ちるなら、この溝のようなコンポストを作ればいいんじゃないかって。手始めにダンボールコンポストをやっ

スペースが限られている花壇の日当たりをよくするために、ブロック塀をハンマーで叩いて壊しているところ。自分で工事したよ。

ガーデンが完成！実はこの庭は僕の自信作。初めてのアーバンパーマカルチャーの試み。

壊したブロックをくの字型に積み重ねて、中に土や落ち葉を入れた。オリジナルコンポストのできあがり！

てみようと、巨大なダンボールをホームセンターからもらってきて、溝から収穫した水肥と、そこら辺に落ちてる葉っぱをかき集めて入れてみた。そうしたら……ダンボールがくさっちゃった（笑）。考えてみれば当たり前だよね。

ちょうどそのときにエディブルガーデンの設計のほうにも課題があった。僕はもっといろいろな植物を植えたかったんだけど、花壇の脇に背の高いブロック塀があるせいで、下の方に日が当たらなかったんだ。そうすると、背の低い植物は育ちにくい。だから日を遮っている部分のブロックを取り除きたかった。けど、ただブロックを壊すだけだとゴミになってしまう。コンクリートは捨

てるのにお金がかかってしまう……。

そこで思いついた。「壊したブロックでコンポストの枠組みを作ろう！」って。実行したのは確かお正月、新年早々ハンマーでブロックをバリバリ割っていったんだ。それから、割ったブロックを積み上げて落ち葉を集めて中に入れた。これならゴミは出ないし、コンポストも作れたし、太陽の光もちゃんとあたる。効率がいいよね！ 近所の人にはちょっと怪しまれたかもしれないけど（笑）。

庭の一角にコンポストができたおかげで、エディブルガーデンの土も豊かになって、今ではいろいろな植物が育ってる。数年後にはちょっとした森ができるはずだよ。

Edible　　Dialogue 01

本間フィル・キャッシュマン
［パーマカルチャービルダー／デザイナー］

ソーヤー海
［共生革命家］

食べ物を入り口にして、都心のデザインをもっといい方向へ

千葉県南房総でパーマカルチャーの実践の場を作り、日々研究と普及に取り組んでいる本間フィル・キャッシュマン。この日、彼のデザインを高く評価しているソーヤー海が、エディブルガーデンに訪れ、アーバンパーマカルチャーの可能性について話し合った。

パーマカルチャーの
デザインは、失敗してもいい

海：今日はエディブルガーデンを案内してくれてありがとう。フィルのパーマカルチャーのデザインはいつ見てもワクワクする。フィルはこの場所に住んでるの？

フィル：僕は家族とこの近くのアパートに住んでる。奥さんが畑をするタイプじゃないんだよね。だから職場みたいに毎朝ここに来て、夜帰る。それが思いがけずいいリズムになっている。ここはパーマカルチャーを勉強しにきた人がよく滞在するから、自分の家にしてたら疲れてしまったと思う。毎日家族水入らずで過ごす時間があることがありがたい。

「P-Awa ファーム」という名の、フィルのエディブルガーデン。木造の平屋、鶏小屋、果樹園、畑など、パーマカルチャーの要素がつまっている。

Homma Phil Cashman

問題こそが
デザインのきっかけ

パーマカルチャーは
"面白さ"が大事

　自分だけだったら今のようなライフスタイルは設計しないけど、奥さんのことを考えてやったことが、結果的にすごくよかった。やっぱり、何事も「無理をさせない」っていうのが僕の行動のベースにある。人やモノを無理に変えようとしないで、「しょうがないな」って合わせてると、いい結果を生むことが多いんだ。

　最近、トマトがある虫に片っ端から食べられたんだ。その虫は、にんにくとトウガラシで防虫液を作って振りかければいなくなることはわかってたんだけど、僕はただトマトが全部食べつくされるのを見ていただけ。まだこれはいい結果につながってないんだけど、「ふーん、そうなんだ」って（笑）。仕事って普通、結果を出さなきゃいけないよね。だからみんな失敗を恐れる。でも、本当は失敗をすることが一番の勉強なんだ。成功しかしていないと、理屈でわかるだけで終わってしまうから。間違いを恐れない仕事っていうのが僕の理想だな。

海：間違いを恐れなくなると、解放感があるよね。人間いろいろな発想ができるのに、間違えられないと、その発想を切り捨てていかざるを得ない。でも、間違えてもよければ、誰もやっ

たことのないことを実験できるようになる。僕がパーマカルチャーを勉強していたところも、間違いができるような場だったんだよね。

フィル：やったー！　すっげえ間違い。全部やり直しじゃん。大変だ。嬉しい！ってね（笑）。

海：失敗を恐れていると、始められない理由がどんどん増えていく。でも、大事なのはとりあえずやるってこと。そして、収穫できるものは徹底的に収穫する。フィルみたいにトマトを虫に食べられても、そこから学びを収穫できる。ある意味、失敗もデザインの結果だから、原因をつきとめて次のデザインに生かしていけば全然いいわけだよね。

東京が抱えている問題が、夢の都市へとつながるソリューション（解決）になる

フィル：たまに東京に行く機会があるんだけど、ちょっと目を細めて風景を見ると、僕は江戸時代が見えちゃうんだよね。自転車に乗ってものを配達したり、みんなでバスが来るのを待ったり、そういう人の営みって根本的には昔から変わってないと思う。

着物を着た芸者の代わりに、美容室に週に2回くらい通ってるお姉さんが歩いてる程度の違い。

　でも、人のやってることは変わらないけど、東京は行く度にデザインが進化してる。どうしたらもっと便利になるかって、24時間365日、何千人のプランナーやらデザイナーやらが必死に考えて、設計しては直して、を繰り返している。だからどんどん機能的になっていって、地下は穴だらけで、電車は人間が操縦しなくてもよくなってきている。これだけいろいろな人と技術と、こだわりと、ものすごいインテリジェンスが、機能を求めて一生懸命やっているんだよね。

　でも、どこかずれちゃってる。エネルギーと知恵をいったい何のために注ぎこんでるのか、確認できなくなっちゃってるんだよね。だから、それをちょっと問い直すだけで、もっといい方向にエネルギーを向けられるんじゃないかな。そうなったら、東京は夢の都市になるはず。

海：東京の街も、畑と同じように常に微調整してるんだよね。でも、東京は資源に富んでる一方で、自然とのつながりや、人と人とのコミュニケーションといった、精神的な部分が病

51

Edible   Dialogue 01

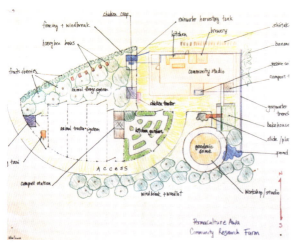

フィルのエディブルガーデンの設計図。約300坪の土地を緻密にデザインしている。

勝ち続けなくてもいいってことを子どもに教えたい

フィル：最近僕が注目しているのは、子どもの教育。今、子どもの鬱とか、引きこもりが増えているよね。学校を楽しんでいない子どもたちの親は、もっと楽しくないはず。それって、自分を取り巻く教育や社会に疑問を持った子どもたちが、うまく機能できていないということなんだよ。そこに答えを出すというか、ソリューションを起こすことによって、どんどんいいサイクルになっていくんじゃないかな。

僕の場合は、子どもたちにパーマカルチャーを教える活動を始めている。まずは現場を体験してもらうために、この場所で子どもたちを遊ばせたり、東京の学校にエディブルガーデンを作る試みをしているんだ（※1）。

海：庭作りの楽しさを入り口にするんだね。

フィル：その方がわかりやすいじゃん。みんなで集まって庭を作る。理屈ではなく、この植物を植えるとこうなるから、こうしてみようって実践することが一番。みんなで機能的な庭を作って、一緒にご飯を食べて、ひとつ終わったらもうひとつ作って……そういう楽しさを知ってもらいたい。そこからエディブルガーデンを作る人を増やしていって、庭を作るというアクティビティーをひとつの社会の常識にしたい。

僕もいろいろな人と会ってきたけど、もう頭のかたい大人に言ってもしょうがないなって、すごく感じる。だから、子どもにそういう楽しさを植

んでしまっている。

フィル：必要以上の資源があると、全部を使いこなせない。そうすると汚染になるんだよね。エディブルガーデンでも、必要以上の養分がある水や土っていうのは、そこの環境にとって汚染になる。これはパーマカルチャーのポイントのひとつ。

でも、そういう問題が一番ソリューションのきっかけになる。海が言ってる都会で人の精神が病んでるということは、新しい何かにつながるんじゃないかな。

海：そこが、僕がアーバンパーマカルチャーでやりたいところなんだよね。都会でみんなが種を植えた経験を持てば、だいぶ違うと思う。自然を理解して、心が豊かになるはずなんだ。

都会だと自分の手で何かをもぎとって食べることさえない。東京も川沿いなんかに結構果樹があって、ある日もぎとって食べたら、一緒にいた子がすごくびっくりして「それ食べら

れるの？ 安全？」って聞いてくるんだよ。彼らにとってお店にあるものは安全だけど、自然にあるものは未知の世界。だから僕はみんなに「とりあえずアボカドを食べたら種を植えな」って言ってる。そうすると、芽が出てきて「これって種なんだ、植えたら新しく植物が育って食糧が手に入るんだ」って理解できる。

だから、アーバンパーマカルチャーを通して自然との関係性を取り戻してほしい。収穫って恵みなわけでお金を払って手に入れるわけじゃない。自分が何もしてないのに、自然の恵みを受け取ることができる。そういう経験をしていくことが、都会でこそ重要だと思う。人間性を取り戻すきっかけみたいなものになる。

やっぱり食べることはよい入り口だよね。楽しいし、おいしいし、みんな食べることが好き。そこから、自然ってこんなに素晴らしいんだということを伝えたい。

えつけておく。そうすれば、彼らが大人になったときに街をもっと豊かにしてくれるはず。僕らが子どもの頃は、将来の夢を聞かれるとみんな「新幹線の運転手」とか「飛行機のパイロット」とか答えてたよね。その価値感って、実はその世代の大人たちからもらっているものなんだ。当時は経済や工業を進化させていくことが、最もやるべきことだったから、それがかっこいいことなんだっていう価値感をたたき込まれてた。

でも今の時代はそうじゃない。この自然という天国みたいな素晴らしい場所を、自分の手で設計できるんだよって教えたら、子どもたちは楽しくてしょうがないはず。人と競って争って、勝ち続けないと食べていけないわけじゃないよ、そんなのウソだからねって教えたいんだ。

海：フィルがパーマカルチャーに興味を持った時期も、子どもが生まれた頃だったよね。

フィル：ちょうど子どもが生まれた直後で、それまで自分のために生きてきたのが、人のために生きようとシフトしている時期だった。子どもの将来のことを考えるなかで、世界のことをリアルに感じるようになったのかな。子どもが生まれる前も自給自足っぽいことをオーストラリアで3年間してたけど、それは自分のためにやっていた。毎日海に潜って、畑やって、釣りして遊んでた。天国みたいなところだったね。その感覚を子どもたちにも教えたい気持ちがある。

パーマカルチャーの第一人者であるビル・モリソン（※2）の名前は、たまたま友達から聞いて、ネットで調べ たんだ。そしたら、ビルが日本にいたときに国連大学で発表した文章が掲載されていた。「WOW!」って衝撃を受けたね。「地球の一番大きな環境問題は農業なんだ」といった彼の主張は、僕がこれまで知っていた常識とは反対だったんだ。それで彼が書いた本を全部読んで、実際に彼のもとへ勉強しに行った。そこから、僕のパーマカルチャーが始まったんだ。

都会だからこそできるパーマカルチャーのデザイン

フィル：都会でパーマカルチャーをする場合は、やっぱり小さく始めることが大事だと思う。それがうまく機能してきたら広げていく。一気に全部やろうとして中途半端になるよりも、やりやすいところから変えていく。

海：「勝手口から始める」ってよくパーマカルチャーで言うよね。家の動線を考えてデザインをすれば、手入れや観察がしやすい。あと、「ちゃんとした畑で枯らさずに育てないと」と いう発想から始めると進まない。「スパゲッティ食べるときは新鮮なパセリを添えるとおいしくなるから、とりあえずパセリを植えよう」みたいな気軽な気持ちでいい。たまたま玄関先にアスファルトがはがれてるところがあったから、そこにパセリを植えてみたとかね。

つまり、大事なのはいかにハードルを下げていくか。子どもでも忙しいサラリーマンでも、簡単にできるデザインにしないと、続かない。しかも、やりながら自分にとってプラスになっていくことが肝心。苦労が多くてマイナスになったら続かないから。

フィル：やっぱり自分が楽しみを感じられる方法じゃないとね。窓辺で植物を育てるにしても、インターネットで調べたらいろいろな方法がすぐに出てくる。その方法が面白くてやってみたいという動機でもいいよね。例えばアクアポニックスのように、水槽に金魚を飼って、その上で水を利用しながらイチゴを育てる方法は、ただイチゴを育てるのではなく、金魚

フィルのエディブルガーデンには、パーマカルチャーを学びたい人が全国から集まる。

Edible　　Dialogue 01

のフンをイチゴが肥料として使うというシステムに興味と魅力を感じるわけだよね。それで実際にやってみて発芽したのを見ちゃうと、「これはやばい！」って。僕も、その面白さが止められなくてパーマカルチャーを続けているんだよ。

やっぱり、何をするにも面白くないと最終的には機能しない。何かを続けられるようにするには、それを面白いと感じられるようにやる。やんなきゃいけないって義務になると続かない。そういう性格、僕だけじゃないよね？

海：都会だと光がないとか、土地がないとか、汚いとか、いろいろ問題があるわけじゃん。そうした問題に対して、さっきフィルが言っていたような「Problem is solution」というアプローチをしたら、それがデザインの可能性につながる。自分なりのアイディアを開拓することになるから。みんなが難易度高くてできないと思っているところに挑戦するのが、面白い。

例えば、壁が多いことが問題だったら、それを資源として考えてみる。壁にも、いろいろ特徴があるよね。南向きだったら熱を蓄えるし、北向きだったら涼しさを放射する。東京のとある場所でおじさんがパパイヤを育ててるんだけど、そのパパイヤは南向きの壁に沿ってはえているんだ。通常、日本だとパパイヤは寒くて枯れちゃうけど、壁が冬を越せるだけの熱を持っているから、元気に育ってるんだよね。都会には都会なりのデザインがあるっていう、いい見本。

デザインするという意味では、人も同じだよね。そこに住んでる人にはその人なりの特徴がある。フィル

にはフィルの特徴があるよね。昔、大工をしてたから、木材で何かを作るのが得意。だから家や鶏の小屋を自分で作っている。僕は僕でルールを守らない性格だから、ゲリラが好き。しかも土地もお金も持ってないから、ゲリラガーデニング（※3）をやったりさ。もしこれがエンジニアの人だったら、いかに機能的で複雑なシステムを作るかというところに自然と心が走るだろうしね。その人の生きるエネルギーみたいなものにデザインの方向がマッチすれば、どんどん工夫が生まれると思う。

フィル：自分の楽しみから可能性を広げていくといい。友達とお茶するのが好きなら、いつも行ってる喫茶店のベランダに「店長、ここに鉢を置かない？」って提案をしてみるとかね。あり得ない組み合わせってあるじゃない？　そこにあえて挑戦することで、周りの人も面白みを感じてくれるかもしれない。

海：エディブルガーデンのデザインは、植物の関係性のデザインだけでなく、虫も鳥も関わってる。さらにそれを収穫している人もデザインの一部なわけだよね。だから、その人が続けられなかったら意味がない。その人が、その人のためにデザインしていいんだ。

フィル：そう。アーバンパーマカルチャーも、自分が楽しいかどうかが一番重要なんだよね。

本間フィル・キャッシュマン　2007年にパーマカルチャーの父ビル・モリソンからパーマカルチャーデザインを学ぶ。以降、千葉県南房総に「パーマカルチャー安房」を立ち上げパーマカルチャーの研究と実践を続ける。ワークショップによる普及活動のほか、都内の美術館や学校のエディブルガーデンデザインなども手がけている。

***1 学校にエディブル
ガーデンを作る試み**
カリフォルニア州バークレー、マーティン・ルーサー・キング中学校にあるエディブル・スクールヤード（食べられる校庭）を手本として、多摩市立愛和小学校で、日本最初の公立校で実践するエディブル・スクールヤード建設が始まった。問合せ先：info@edible
schoolyard-japan.org

*2 ビル・モリソン
オーストラリアでデビッド・ホルムグレンとともにパーマカルチャーのデザイン体系を作り出した、パーマカルチャーの父と呼ばれる人物。著書に『パーマカルチャー―農的暮らしの永久デザイン』（農山漁村文化協会）がある。

*3 ゲリラガーデニング
都市の公共空間を勝手にガーデニングしてしまう運動。荒れた土地に種を蒔いたり、花を植えたりして緑豊かな場所に変えていく。イギリスのNPO「ゲリラガーデニング」の活動が話題になり、今では世界中に広がっている。

CHAPTER 2

DIY

Introduction
Create your own life!

-<u>Report</u> Happy DIY Life

-OFF-GRID LIFE

-<u>Interview</u> Fujino Denryoku

-Portable Earth Oven

-Dome House

-Pedal Power

-<u>Message</u> Hide Enomoto

-<u>Dialogue 02</u> Nao Suzuki

-<u>Message</u> Kiyokazu Shidara

DIY(Do It Yourself)は、単なる
日曜大工のことではない。それ
は人を消費するだけの立場から
解放し、人生の選択肢を無限に
する。DIYとは自分の生き方を、
自分の手でつくっていくこと。

まずは想像してみること。やってみること。家だってその気になれば仲間とDIYできる。

自分の人生は 自分でつくろう

Create your own life!

消費者から、創造者へ。

　DIY（Do It Yourself）は、単なる日曜大工のことではない。直訳の「自分でやってみよう！」のとおり、その本質は自分で納得のできる生き方を、自分の手で作っていくことだ。食事も、衣服も、ソーラー電力、家だってDIYできるし、もっと広げて考えれば、社会や政治、経済、国だって…それが人の作ったものである以上、DIYしていくことができるはずだ。

　大事なポイントは、「消費者」から「創造者」に生まれ変わること。グローバル化した消費社会では、一見、消費者に無数の選択肢があるように思えるけど、あくまで買えるのは「売られている商品」だけでしかない。自分の意志で選んでいるように見えて、その選択肢はすでに決められている。実は自分で作ってみると意外な可能性を発見できたり、失敗しても学びまで手に入るのに、消費者はお金と引き換えでないと何も手に入れられない不自由な立場と言える。

　パーマカルチャーはよく「お百姓さん」のあり方に近いと言われるけど、彼らはたとえお金はあまりなくても、自然と結びついた多くの知恵と技術を持っていて、生きていくために必要なことはほとんど自分でできる。たとえできないことがあっても、誰に聞けばいいか知っているし、学べばできるようになる。それはサバイバルレベルで大きなパワーだと思う。僕も元々は、大学で論文ばかり書いてたけど、今なら自分で食糧も育てられるし、保存法や調理法もわかるし、人糞肥料や太陽光も活用できる。ドネーション制でワークショップなどをやりながら、急にお金がなくなったり、移住しないといけなくなっても、なんとかやっていける自信がある。

　DIYは本当の意味で自立するための重要なステップだ。多くの人にとってはその保証がお金だと思うけど、これからはお金や企業に依存して消費するだけの立場ではない、自分で生きる技術をもった「創造者」になっていくこと

が大切だと思う。

　何かを「つくる」ことは、それ自体楽しくて創造的な活動だし、「つくる」ことを通して、想像力が刺激される。例えば、味噌を作るでも自転車を漕いで発電してみるでもいい。実際にやってみることで、今までブラックボックスだった仕組が見えるようになるから、どこに変化を起こせばいいかのポイントが見えてくる。DIYを通して学びが深まることで意識も拡張される。身近なものがどこから来ているのか、自然や文化がどう成り立っているのかわかるようになってくる。

　パーマカルチャーの大きなテーマは、「そこにある資源を最大限有効に活用する」ことだ。DIYによってそれまで見落としていた資源の可能性にも気づくようになれば、自分の生活のなかに無限の可能性が見えてくるはずだ。限界は想像力しかない。僕らをとりまく社会のさまざまな問題も結局は、想像力の問題なのだから。

　まずは想像してみること。イメージができたら、とにかくやってみること。別に失敗してもいい。パーマカルチャーには「失敗は学びのツールだ」という言葉もあるように、失敗してナンボ。どんどん失敗して想像力を使うことが、高齢化社会のボケ予防にもなるかもしれない。土に種を植えるのと同じで、一つの種が何百とか何千倍になって帰ってくるように、さまざまなDIYの実践が無数の新しい文化を生みだすだろう。

　DIYは人を消費するだけの立場から解放し、人生の選択肢を無限にする。それは結局、人を自由にすることだと思う。誰かのつくったレールに乗るのではなく、自分で自分の人生のルールを作ること。

　「自分でやってみよう!」のDIY精神が、人生や社会をより楽しく豊かにしてくれるに違いない。

DIY　　　　Report

Happy DIY Life
ほしいものは、DIYで楽しく作れる！

DIYと聞いてまず思い出すのは、コスタリカでジャングル生活していたときのこと。元々、ジャングルに行った理由は、「消費者以上」の自分を捜していたから。消費者としては、どこで何を安く買えるとか、いいものを見極めるなど情報処理能力は磨かれていたけど、結局は売られているものを買うしかないことに限界を感じていた。ジャングルでは街に出るのにバスで4時間もかかって面倒だし、ほしいものはDIYで作るしかない。材料は自然の恵みと現場にあるものだけ。電気と水道もないので、それまでは薪とブロックだけで料理をしてたけど、煙も出るし、態勢もきつい。でも「せっかくこんな豊かな自然のなかで暮らせるんだからもっと快適に暮らしたい」と思って半日かけてキッチン台を作り、立って料理できるようにした。煙突も鉄のシート丸めて作った。そうやってDIYすることを通して「自分でもこんなに工夫ができる、自分の生活を自分の力で変えられる」ということを実感した。それまでは何か不便があれば買いに行くか、サービスを頼むしかなかったのが、DIYによって消費は選択肢のひとつでしかなくなったんだ。

ブロックスにいた時もいろいろなものをDIYしてきたけど、いちばん簡単で楽しいのは、アースオーブン（ピザ釜）。これまで2、3回作ってきたけど、みんなで智恵を出し合って作るから愛着も

左ページ／仲間と一緒に壁塗り。実践を通して技術を身につけていく。　右上／スーパーヒーローの格好をして、リビングルーフづくり。屋根の上にはいちご畑。収穫が大変！　右下／糞まみれになって建築資財を混ぜるのは最高！　何歳でも関われる多世代行事。　左下／「楽農」には欠かさせないソーラーステレオカート。道具やビールも運べる。No dance, No life!

61

DIY　　　　Report

わくし、大量生産のオーブンと違って世界に一つだけの作品になる。それに市販のオーブンだと内部の仕組がわからないから、壊れたら修理屋を呼ぶしかないけど、自分で作ることを通して仕組がわかるから、壊れても自分で直せる。作るプロセスも楽しいし、その結果できるピザもおいしい。自分で作ったオーブンで生地から焼いたピザは格別！（P68,69）

ソーラーシャワーも作れる。捨てられていたボイラーと、鉄の容れ物を黒く塗って、木の箱にガラスを貼っただけの超シンプルなものだけど、水が暖かくなると上に昇っていく原理を使っているから電気もいらない。大自然のなか、太陽熱で暖まったシャワーを浴びるなんて最高。他にも、僕が作ったわけじゃないけど、捨てられていたソーラーパネルと車のバッテリー、ステレオをつないだソーラーオーディオで音楽をガンガンかけながら農業していた。

家の壁だってDIYできる。僕らが作ったのは、粘土や砂、水、小麦粉、馬糞や牛糞などを小さなプールに入れてひたすら混ぜるというもので、防水層になる。藁を多めに混ぜれば断熱層になるし、仕上げ層も漆喰や色土を混ぜたり、自分でアレンジできる。他にも、リビングルーフといって屋

左上／余ったフルーツはジャムや酒作りに！　右上／電気オタク達がソーラーを設置する。　左下／カヌーに水草を積んでチナンパ島づくり。作業が終わったら大人の泥投げバトル。

根の上にガーデンを作ったり、地面に穴を降って小屋を立てて移動式トイレも作った。いっぱいになったらトイレごと動かすだけだから簡単。

変わったところでは、近くの湖で「島」も作った。それまで島を作るなんて考えてもみなかったけど、これは昔、アステカ文明やマヤ文明の人がやっていた「チナンパ農法」というもの。運河や池の中に人口の浮き島を作って作物を育てることで、それまで夏は水不足だったけど、湖上の農地なら水が下から上がってくるから散水の必要もない。陸の上の農地とは違った多様性が生まれるんだ。

食べ物もワインとかジャム、ドライフルーツなどいろいろDIYした。基本、果樹なら何でも使えるし、保存できるように真空シールを使ったり、乾燥させてドライフルーツにしてもいい。シャンパン菌を使えば、シャンパンだって作れる。日本だったら、漬け物、発酵食品もいろいろあるし、自分で工夫しながら作るのは楽しいし、安全だし、何よりおいしい！

　DIYの楽しさは、工夫して自分のほしいものが作れること。
DIYすれば、仕組がわかるから、直すのも簡単。
DIYで、自分の生活を自分の力で変えていける。
Let's DIY!

左上／太陽光で温められたお湯を浴びながら夕日を眺めるお金で買えない快感。左下／藁を壁に敷き詰めて断熱効果アップ！粘土水でコーティング。　右下／餅つきのウスとキネだってあっという間にDIY。

OFF-GRID LIFE

オフグリッドとは「自立すること」

オフグリッドとは電力会社の送電網（グリッド）に頼らず、必要な電力をDIY（自分またはコミュニティ）で自給することをいう。

僕らの生活に欠かせない要素のひとつであるエネルギー。そこで大事なのはエネルギーとの意識的な関係だ。太陽光も風も波もエネルギーの一種だけど、なかでも現代社会でもっとも馴染みがあるのは、化石燃料や原子力で熱を発生させ、送電線で送られてくる電気エネルギーだろう。そうして作られて長い距離を運ばれてくる電気は、見えないコストがものすごく高くて、未来の子どもたちに膨大な負担をかけてしまっている。大きな電力会社に依存することは、知らずに自分が賛同していないこと―気候変動や原発事故、ときには戦争まで支えてしまうことにもなっているんだ。

ちなみに、僕がコスタリカのジャングルで暮らしていた時は、ほとんど電気を使ってなかった。エネルギーは薪や太陽だけという究極のオフグリッド。毎日太陽が出てくるのに合わせて起き、米と水と豆を瓶に入れ、ソーラーオーブンにセットして畑仕事に出かけ、戻ってくるとランチが太陽光で炊けている。すごく便利だった。太陽から出るエネルギーを直接使った方が、電気にするより、実は効率的だったりする。電気はとても便利だけど、必ずしも必要ではないんだ。

もちろん、電気は今の社会には重要な役割を果たしている。その究極がインターネット。世界とつながるため、コミュニティを作るため、そして民主主義のツールとして、インターネットは欠かせないものになっている。だから、僕にとっても電気のない生活は考えられない。

でも、中央集権型の電力システムは、福島原発事故のように機能しなくなったときのバックアップが脆弱だし、自分が支援したくないものまで支援させられてしまう。

オフグリッドにすることは「自立すること」だ。企業や政府に依存せず、自分で作れるモノくらい自分で作るようになれば、より自分の価値観に一致した生活ができるようになる。自分で発電すると無駄遣いをしなくなるし、自分で作る楽しさや、自然と直接やり取りする深い学びもある。

とは言え、いきなり全部オフグリッドにするのは普通の人には難しいから、そこまで極端にしなくても、部分的にオフグリッドにするのがいいと思う。僕もアメリカのパーマカルチャーコミュニティではそんな「オフグリッドレディ」の状態で暮らしていた。つまり、完全なオフグリッドではないけど、いつでもそこから離れる準備はできていて、送電網の電力をバックアップとして使う状態。

そうやってオフグリッドを増やしていくことは、自立できる選択肢が増えるということ。企業や政府に頼らず、少しでも自分で電気を作れる人やコミュニティが増えていってほしい！

オフグリッド（独立型太陽光）発電の仕組み

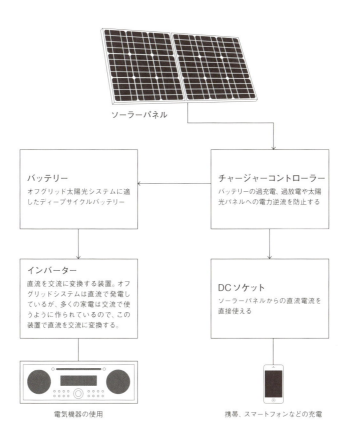

電気機器の使用

物質に光を当てると起電力が発生する性質を利用した発電機。オフグリッドに適したリーズナブルで小型のソーラーパネルが市販されている。

ミニ太陽光発電システムに適しているのは、深い放充電の繰り返しに耐えられるディープサイクルバッテリー。使い方によるが、数年ごとに交換が必要。

オフグリッドの太陽光発電システムは市販の部品を組み立てて作る。全国でワークショップが開催されているので、参加すれば知識ゼロでも簡単に作れる。

DIY　　　Interview

Fujino Denryoku

| 藤野電力 | 電気は誰でも気軽に作れる

　電力自給ワークショップで知られる「藤野電力」。電気が誰でも気軽に作れることを提示し、3.11後の閉塞感を抱えていた人々に新鮮な驚きをもたらした。

　旧藤野町は、現在は相模原市に合併された神奈川県の山間部の小さな町。アートや自然が好きな都市部からの移住者が多く、市民活動やアート系のイベントが盛んな地域だ。藤野電力の母体となったのが、地域の資源や人を活かした地域作りを目指す「トランジション藤野」。3.11の震災後暫くして、メーリングリストに流れた「藤野電力をやりましょう」という一通のメールが藤野電力の発端だった。呼びかけに応え、現在の藤野電力の中心人物、小田嶋哲也さん含め、およそ30人の人達が集まった。

　藤野には「ひかり祭り」という、廃校を舞台とし

たアートイベントがある。震災のあった2011年から運営スタッフになった小田嶋さん達には、当時の自粛ムードの中、電気を使って楽しむことへの後ろめたさもあったという。しかし、スタッフの議論の中で「自分たちが自然エネルギーで発電する電気だけを使って祭りをするなら、誰に遠慮することもないんじゃないか?」そんなアイディアが生まれてきた。最初は理念的な議論が多かった藤野電力だが、この年の夏、ひかり祭と一つになって、現在の藤野電力がスタートした。

　その後、東北の被災地でイベントへの電力供給をしてきた小田嶋さんは、10月に行われる地域の祭り「ふるさと祭」で、地域の仲間に、太陽光パネルを使った発電システムを作るワークショップを実演。「思いの他、みんな楽しんでやるんだな」と実感し、ひかり祭りの舞台になった廃校で太陽

藤野電力の活動の柱

---

❶ お祭りやイベントでの電力供給

各地のさまざまな祭りやイベント、上映会などで、ソーラーの電源を供給している。ひかり祭りから始まった藤野電力にとっての原点であり、もっとも大事にしている活動。

❷ ワークショップ

藤野電力の名を世に知らしめた、誰でも作れる太陽光発電システム作りのワークショップ。現在は藤野から飛び出し、全国各地への出張ワークショップを開催している。

❸ 発電設備の施工

オフグリッドの太陽光パネルシステムの設置を個人宅、事業所等で請け負っている。打ち合せを重ね、各家庭、事業所の配線や利用目的に応じた施工を行う。

❹ 市民発電所(充電ステーション)の建設

藤野の随所に電動バイク・電動自転車などの充電ステーションを設置。福祉施設、レストラン、アートスペースなど7か所で約4800Wが作られている。

66　　消費者から、創造者へ。

ワークショップで組み立てたシステムに電気が灯ると歓声が！

ライトアップされたひかり祭りで歌うアーティスト達。

光発電システム作りの定例ワークショップを開催することが決まった。しかし、藤野の仲間相手だったふるさと祭と違い、今度は不特定多数が対象だ。確信が持てなかった小田嶋さんは、最初に申込んでくれた人に「今は1kwh20円で電気が届く時代。200whの電気を得るために42,200円かかるワークショップだけれど、本当にそれでよいの？」と確認したと言う。

結果的に、「わざわざ手間のかかることを楽しんでやる」人達は、藤野の外にも大勢いた。電力自給ワークショップは口コミを中心に広まり、現在は全国各地に出張してワークショップを開催している。

藤野電力は、小田嶋さん達メンバーの個人事業や、ボランティアに基盤を置いた自由な活動だ。敢えて法人化はせず、拡大も目指していないが、藤野電力の電気が地域の上映会等で活用されたり、充電ステーションにトランジション藤野のワーキンググループ「森部」で間伐した木材が使われたりと、地域の活動との有機的なつながりや広がりが生まれている。

「自分たちのことは自分たちでやれる。困っている隣の人達、隣の地域も助けてあげられる。そういう人に、そういう地域になりたいと思っています」と小田嶋さん。藤野電力のベースになっているのは、そんなシンプルな願いだ。

私達は生まれた時から、自分たちの手の届かない大きなシステムが作りだすものに依存し、それを消費して暮らしている。中でも電気は自分で作ることが難しい代物だ。そんな中で、「200whの電気を得るために42,200円かかるワークショップ」が、多くの支持を得たのは「自分のことを自分でできるようになりたい」というシンプルな願い、そして、子どもの頃の工作のような感覚で、自分で電気を生み出せる「楽しさ」への共感ではないだろうか。オフグリッドの太陽光発電だって大きなシステムから無縁ではないし、完全にクリーンなわけでもない。発電キットの部品の製造には化石燃料が使われているし、バッテリーには有害物質も含まれている。しかし、部分的にでもオフグリッドをすれば、すべてを大きなシステムに委ねている時と違って、電気を作りだす楽しさも、そして電気の環境負荷を考える煩わしさも、自分の手に取り戻せるのだ。

現在は藤野電力以外にも、各地で手作り発電の動きが活発になっている。2013年には、webマガジンのgreenzと藤野電力が協力し、電気を手作りする人を増やすことと、作り手同士をつなげることを目指す「わたしたち電力」プロジェクトも生まれた。

あなたもエネルギーを自分の手に取り戻し、自分で楽しく発電してみてはどうだろう。

Portable Earth Oven

パーマカルチャーの基本はアースオーブンから

　パーマカルチャーではよく、「家を建てるなら、まずアースオーブンから」と言う。「壁を作るの手伝って」と言っても誰も来てくれないけど、「ピザパーティーを開くよ!」と言えばたいてい喜んで来てくれるし、ついでに手伝ってもらえるかもしれない。そこで本間フィル・キャッシュマン(パーマカルチャービルダー/デザイナー)によるワークショップからアースオーブンをDIYするポイントを紹介したい。

　アースオーブンを作るには3つのポイントがある。まずは、エネルギー変換。太陽のエネルギーが詰まった木材をどう効率良く熱に変換するか。そのために、ピザ釜の開口部の高さを内部の天井の63%にする。外から取り入れた空気が天井を回ってうまく外に出るように作るのが大切。

　2つ目は、エネルギーの保管。起こした熱をう

左／千葉のコミュニティスペース、ALMONDE（あるもんで）で開催されたアースオーブンワークショップの様子。ワイヤーメッシュの中に土台の部分に土を盛る。この上にレンガを並べて釜の床面を作る。 右／レンガでアーチを作ってから砂をドーム状に盛ったところ。 この後にコブコートを作ってから仕上げる。

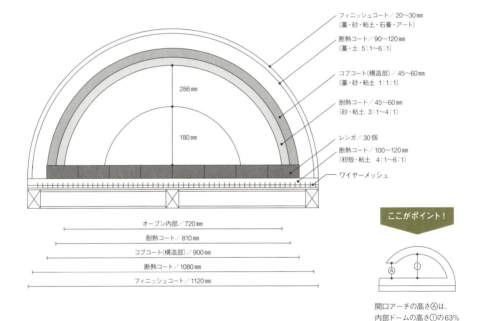

- フィニッシュコート／20〜30mm（藁・砂・粘土・石膏・アート）
- 断熱コート／90〜120mm（藁・土 5:1〜6:1）
- コブコート（構造部）／45〜60mm（藁・砂・粘土 1:1:1）
- 耐熱コート／45〜60mm（砂・粘土 3:1〜4:1）
- レンガ／30個
- 断熱コート／100〜120mm（籾殻・粘土 4:1〜6:1）
- ワイヤーメッシュ

286mm
180mm

- オーブン内部／720mm
- 耐熱コート／810mm
- コブコート（構造部）／900mm
- 断熱コート／1080mm
- フィニッシュコート／1120mm

ここがポイント！

開口アーチの高さⒶは、内部ドームの高さⒾの63%

まく保管するために、内部には蓄熱性の高いレンガを使う（30本で3,000円くらい）。これで夜にピザを焼いて扉を閉めておけば、次の日の朝でも150度くらいに保てる。

3つ目は、エネルギーの効率的な利用。釜のエネルギーをいかに効率的に料理に生かすか。温度が高いうちはピザを焼いて、次に肉のローストなど、低くなったらプルーンを乾燥させたりなど

工夫したい。

このオーブンは持ち運びできるようにできているから、どこでもピザパーティーができる。みんなで砂や粘土をこねたり、レンガをアーチ状に積み重ねたり。オーブンを作ること自体楽しいし、でき上がったものは世界に一つしかないみんなの作品だ。自分なりに工夫してオリジナルなアースオーブンを作ってみてほしい。

DIY　　Dome House

Dome House

三角形を組み合わせて作る家

　「家をDIYする」と言うと、基礎作りや建築基準法、ローン地獄など…ややこしいけど、既成の概念を振りはらって、シンプルに寝食ができる空間がひとつあればと考えれば、意外とハードルは低くなる。
　ドームハウスは、建築家バックミンスター・フラーが1947年に考案したドーム型の構造体で、"More with Less"最小の資源で最大の効果を得るという考えがベースにある。外観も宇宙船のようでかわいいし、その有機的かつ身体的なスケールは、住人に母親の胎内にいるような心地よさと安心感を与えてくれる。
　構造はいたってシンプル。正三角形を基本モジュールとして、正六角形と正五角形を合わせたサッカーボールのような構造を組み合わせ、最大

今回、ドームハウスの作り方を教えてくれたアースウォーカー、中溪宏一さんがかつて住んでいた木製ドームハウス。日本海沿いの絶景にあったこのドームハウスはすでにないが、新たにテント型ドームハウスでのオフグリッド生活を開始中。

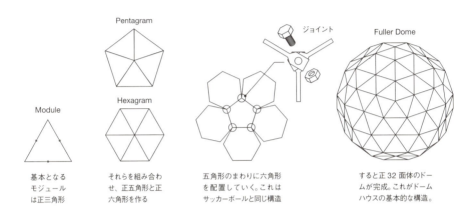

| | Pentagram | | ジョイント | Fuller Dome |

Module — 基本となるモジュールは正三角形

Pentagram / Hexagram — それらを組み合わせ、正五角形と正六角形を作る

五角形のまわりに六角形を配置していく。これはサッカーボールと同じ構造

すると正32面体のドームが完成。これがドームハウスの基本的な構造。

ドームテントのサイズ

価格　36万円　40万円　53万円
サイズ　3.6m　4.5m　6m

ドームテントは二種類の長さのパイプからなる

長いパイプ	45本
短いパイプ	48本
入り口用	2本
計	95本

の居住空間を得る。短い部材を使うから、資源も有効に使えるし、作業効率も高い。しかも、球体は四角い家に比べ、表面積も少ないから熱効率もいいし、地震にも強い。とても機能的だ。

ドームハウスは木材や竹でも作れるけど、一番手軽なのはアルミパイプで組み立てて、ターポリンで覆ったテントのようなドームハウスだ。組み立てに必要な道具は電気工具1つだけ。大人2人で作業に取り組めば、2時間もあれば完成してしまう。

サイズも選べるから、都会でも、自宅の庭やビルの屋上、空いた駐車場でもいい。自然の中でキャンプをするように、自分だけのドームハウスを作って楽しもう。

DIY　　Pedal Power

Pedal Power

自転車の可能性は無限だ！

ペダルパワーで発電してロックコンサート！"Paul Freedman / Rock The Bike"

　自転車もDIY次第でいろいろなことに活用できる。リヤカー代わりに何かを運ぶのはもちろん、発電したり、洗濯したり、穀物のブレンドに使ったり……想像力さえあれば可能性は無限だ。漕ぐこと自体いい運動にもなるし、何より自分の力で動かすことが楽しい。アメリカ西海岸の自転車乗りが集まるフェスで見かけた楽しくてワイルドな自転車アイデアを紹介しよう。

カップルで仲良く乗れる自転車？

左上／自転車で額縁だって運べちゃう　左下2点／カートをつければ大きなものも運べる　右上／ペットも一緒にサイクリング　右中／ペダルパワーでジューサーを回したり。　右下／ペダルパワーで穀物のブレンドも

DIY　　　Message

Hide Enomoto

アーバンパーマカルチャーが活かすべき資源とは？
[トランジションタウン藤野　榎本英剛]

トランジション・タウンとは、パーマカルチャーや自然建築の講師をしていたロブ・ホプキンスが、2005年にイギリスのトットネスで立ち上げた市民運動。この運動を初めて日本に持ち込んだのが、榎本英剛さんだ。榎本さんに、トランジション藤野の実践から見えてきた、アーバンパーマカルチャーの可能性について語ってもらった。

パーマカルチャーと
トランジション・タウン

　トランジション・タウンとは、パーマカルチャー
の考え方を土台とした市民運動です。石油を始
めとした化石燃料に依存し、無尽蔵な生産と消
費を繰り返すことで、未来の資源までを食いつぶ
そうとしている社会から脱すること。自らが暮ら
す地域に潜在する多様な資源を見直し、有機的
に循環させていくこと。トランジション・タウンの
活動は、そのための持続可能なまちづくりを市民
が自発的に担っていこうとするものです。

　私は2004年にパーマカルチャーを学びまし
たが、そこから得たのは、身の回りにある資源を
有効活用した持続可能な暮らしを実現するため
の技術や思想でした。

　トランジション・タウンは、パーマカルチャー
の考え方を地域というスコープに応用した運動と
いえるでしょう。

都会に眠っている「人の創造力」

　都会から藤野を訪れ、私たちの活動を見学し
た人々から、よくこんなことを言われます。「藤野
は里山で、自然や農地などの資源が豊富でいいで
すね」と。この言葉の裏には、「都会には自然や農
地が少ないし、トランジション・タウンのような活
動は難しい」という意識があることが感じられます。

　確かに藤野は、豊かな自然資源に恵まれてい
ます。しかし、持続可能なまちづくりをするため
に必要となる資源は自然資源だけではありません。
人的資源、中でも人々がもつ創造力はこうした活
動には欠かせません。そして、都会には自然資源
は少ないかもしれないけど、人的資源は地方とは

比べ物にならないほど豊富です。ただ、残念なこ
とに、そうした人的資源が互いにつながっていな
いため、その創造力が活かされることなく眠った
ままの状態になっているように思います。

人の多様性を、いかにつなげていくか

　アーバンパーマカルチャーを考える際にも、人
と人のつながりをどう活かしていくかが鍵になる
でしょう。個人や家族単位での暮らしを基本に、
コミュニティ単位でのつながりをいかに作り上
げていくかです。

　人々が手を取り合って、共に何かを作り上げて
いこうとするときに一番大事なことは、多様性を
どう受け入れ、それを活かしていくかということ。
これまでの社会は、多様性を極力排除して、ひと
つの価値観にまとめ上げていくことで機能させ
てきたけれど、この方向にはすでに限界が見えて
きています。

　多様性を活かしつつ、それぞれが主体的に活
動できるようなコミュニティを創造していくこと。
そのためには、個人の意識のあり方とその個人同
士の関わり方という目には見えにくい部分を同時
に変えていく必要があります。単に目に見える暮
らしの部分だけを持続可能にしていくだけでは、
本当のトランジション（transition＝移行）は起こ
りえないのですから。

榎本英剛（えのもと・ひでたけ）／1964年、兵庫県生まれ。アメ
リカに留学していた30歳の時に出会ったコーチングを日本に
広めるため、2000年にCTIジャパンを設立（現・㈱ウエイクアッ
プ）。その後、CTIジャパンの経営から離れ、イギリスに在住中
に出会ったトランジション・タウンおよびチェンジ・ザ・ドリー
ムという世界的な市民運動を日本に紹介。2012年には、これ
らの活動を統合すべく「よく生きる研究所」を設立。
よく生きる研究所　ホームページ　http://www.yokuikiru.jp/

DIY　Dialogue 02

鈴木菜央　[NPOグリーンズ代表]

ソーヤー海　[共生革命家]

DIYから自分のストーリーをつくろう！

"ほしい未来"をつくるためのヒントを発信するWebマガジン「greenz.jp」編集長を務める鈴木菜央さん。持続可能でわくわくする社会を目指して、メディアだけでなく、「green drinks」「green school」などの場づくりほか、家族4人で35m²のタイニーハウス（車輪付き）にて、小さくて大きな暮らしの実験中の彼とソーヤー海がDIYについて語った。

頭だけでなくて
手を動かしてみる

鈴木：2006年にgreenz.jpを始めた頃は、パーマカルチャーとか農的暮らし、サステナブルな社会というのが大きなテーマのひとつだった。明確な理由はないんだけど、はじめの2年間ほどに比べると、取り上げることも減っていったんだ。
そして個人的に農的な暮らし、サステナブルな社会づくりをしていきたいと思って、4年前に千葉県いすみ市に引っ越した。メディアの人間として、情報を右から左に流すだけじゃ意味がない。自分の暮らしを作りた

いし、自分で手を動かしたいと思って。ここ数年のグリーンズのテーマは、あえて都会的で、ポップというか、「グッドアイデア」にフォーカスを当ててきたけど、徐々に見えてきたのは、それだけでは社会は変わっていかないんだな、ということ。ほんとうに社会を作っていくためには、もっと違った動きも必要だなということ。でも、ぼくはそろそろルーツに戻っていくときかなと思っていて。サステナブルな生き方、暮らし方を、もう一度考えて日々実行していく、そんなきっかけにしていきたいと思っている。
海：この本（『ほしい未来は自分の手でつくる』）に、「田舎の好きなところは余白があるところ」と書いてたけど、人は余裕があると自然に与えたくなるんだよね。お金や時間が足りないと守りに入って、ある意味自己中心的な生き方をしてしまう。僕も大学を卒業して教えていた頃は、いつも「社会を変える！」「持続可能性！」という話をしているのに、自分はまったく手を動かしていなくて、頭でっかちになっていた。それはそれで楽しいけど、世の中は全然変わらないから、ちょっとずつ不安になって、バーンアウトしちゃって……コスタリカのジャ

ングルに移住した。そこで初めて手を動かして、本当のDIYに触れた。自分の作っているものが目の前で見えるし、時間に余裕があって身体の全感覚で感じられるから、自分がどういう生態系の中で過ごしていて、心がどういう状態かなどいろいろわかる。これって本当に重要だと思う。
鈴木：俺も東京で育って、アジア学院で1年過ごすなかで、食べ物が種から育って、たくさんの生き物が生きている自然環境の中で実り、それを食べて僕の身体になって、夜はみんなで卓球大会したり、ヒッチハイクしたり……お金のかからない生活を1年間やって、頭より身体を動かすことで、生きている感じがした。「食べ物って地球が育ててくれているんだ。こうすれば生きられるんだ」という安心感。その時の感覚を都会でどうしても取り戻せなかったのが、最近やっと取り戻せてきた感じ。

自然の摂理にあわせて、
生き方をDIYしよう

海：お互いバックグラウンドがハーフなんだよね。僕自身、日本社会でアウトサイダーとして生きるしかなかっ

Nao Suzuki

自分の暮らしを作りたいし、自分で手を動かしたい、と思って。

当たり前なんだけど、それを忘れた特殊な人種が「消費者」だと思う。

たので、逆にいろいろな視点を持つことができた。そして、9.11に出会って、あたりまえだと思っていた社会が一気に崩れ、歪みだらけの社会を見つめるようになった。だから、僕にとってDIYは、社会をDIYする冒険みたいなもの。ただ消費する立場だったのを、今度は自分たちも作ることを取り戻して「ほしい未来を作っていこう！」と。それこそが本来あるべき世界だと思う。

鈴木： すごく良くわかる。僕も常に自分の立ち位置を考えざる得ない状況で育ったから、なんでも相対化して見る癖がついている。コップ1つにしても、サラリーマンが満員電車で通勤するという常識にしても、目の前にあることを何も信じていない。場所が違えば、違う問題、違う見方があって、違う哲学が育つ。今、仏教哲学をサステナビリティーと結びつける動きもあるけど、本質が何か考えると行きつくのは、循環の哲学じゃないかと思う。それを、違った人がいろいろな視点で見つけているんじゃないか。

海： いろいろな視点でコンテクストが見えるというのは大事だよね。視点の柔軟さがあると、常識に縛られないから、生き方も自由に実験できる。

最近、学生と話すことが多いんだけど、僕が「就活なんかやめて農業だ！」みたいなことを言うと、「えっ？！」って違う星から来たみたいに見られる（笑）。でも、最初からレールから外れてたり、何かのきっかけで外れた人は、レールがないから自分で作るしかない。まさに生活がDIYになる。でも、大多数の人は頑張ってレールに乗りつつ、韓国の船のように沈んでいるのに動けずにいる。そういう人たちにどうやって気づかせるか、DIYの文化に誘い込むかが大事だと思うし、一番面白いと思う。

鈴木： 実際に実行して、羨ましがらせ

鈴木菜央さん家族4人が住む35㎡のタイニーハウス

るのが、一番いいね。今の社会は、このままだと、この先レールが途切れてちゃうってことはよく考えて、良く見れば、誰にでもわかること。ならば、少し遠くを見てレールを外れたほうが日々の時間が豊かだし、楽しいし、長期的に見て安心だし。人間も自然の一部だから、自然の摂理に合った生き方をしたほうが幸せ。これは人間が発明した概念じゃなくて、そこにある自然の摂理がいちばん理にかなっている。理にかなった社会では、一人ひとりが尊重され、居場所ができて安心できる。余裕もできるから、他人を助けることもできる。それが

DIY　　Dialogue 02

自宅でも子どもたちとエネルギーの手づくりを実践中。

コンピュータの世界でのオープンソースという考え方やフリームーブメントが徐々にバーチャル以外にも広がって、タネがオープンソースになったりしている。他にも、ボトムアップなどいろいろな言葉があるけど、自然の摂理にかなっているかという視点で見れば、良い悪いは自然にジャッジできる。まずはみんなが自分の暮らしを自然にフィットさせて、そこから家族、近所、街、社会、国、世界、未来と広げていけばいい。

全部つながっている、全部DIYできる

鈴木：僕は元々、高校生の時に将来デザイナーになりたくて、バックミンスター・フラーやヴィクター・パパネックの本を読みあさっていた。で、パパネックの「現代社会の罪はプロダクトデザイナーに帰するべきである」という文章にガーン！ときて……デザイナーになりたかったけど、良い社会をつくる哲学のあるデザイナーになりたいと思った。そういう文脈で、パーマカルチャーというデザイン体系を知って、これからの社会に必要な哲学だなと思った。

海：俺が心理学からパーマカルチャーを知ってびっくりしたのは、パーマカルチャーという関係性のデザインを知ると、世の中がシステムとして理解できて、見えなかった部分がどんどん見えるようになってくること。例えば、iPhoneなら、アフリカで採掘した鉄とか、中国で作っている部品など…いろいろな要素の関係が見えてきて、すごいものを買っていることに気づく。生態系も、トマトや虫の支え合う関係性が理解できるようになるから、それらをうまくデザインをすることで、農薬を散布したり雑草を抜く作業が必要なくなって余裕が生まれる。システムに参加しているだけだと、問題が出る度にその解決に仕事を増やさなくてはならない。だから、パーマカルチャーはお百姓さんに似ているけど、違いはいかにハンモックタイム（余暇）を増やすかというところ。

鈴木：僕は小さな頃に小児ぜんそくになった。子どもの頃から「なんで自分はぜんそくなんだろう？」と思っていた。高校の図書館で読んだ手塚治虫の『ブッダ』で主人公のシッダールタが、「世界が全部つながっている」ことに気づく場面があって、衝撃を受けた。今僕たちが生きている社会も、本当は大きな自然の中にすっぽり入っている。育ててもらっているわけ。だけど、僕たちは育ててくれるはずの自然とのつながりを断って、自然を使い捨てにしてきた。未だに僕たちは石油を掘り出して、燃やし続けている。あらゆることは、自分につながっている。その結果が、自分のぜんそくなんだと気がついた。まさに、つながりをシステムとして悟ったというか（笑）。

海：パーマカルチャーの原則って、元々自然から抽出したようなものだから、それをどう人間や社会に応用していくかが面白いんだよね。すべての問題を関係のデザインの問題と

全国でエネルギーの手づくりを応援する「わたしたち電力」の様子

大人のためのキッザニア「リトルトーキョー」

考えると、無限に可能性が出てくる。「しょうがない」ってのは想像力の問題だから。想像力さえあれば、DIYでなんでもデザインしなおせる。家だって、何をどこに置いたり、どう掃除したり、どう仕事をするかデザインできる。

あと、本にあった「DIWO（Do It with others）」も大事だと思う。デザインとかDIYと言うと一人でガレージの中でやっているようなイメージがあるけど、ブッダの話のように「みんなつながっている」。孤立したものなんてない。生態系の中で生きている限りは生態系から生まれるもので作るわけで、自然とコラボは常にやっている。誰もが常にいろいろな人に影響を与えあっている。コミュニティや会社もいろいろな人と関わり合いながらデザインしているから、「みんなデザイナーである」ことに気づくのが大切。

DIYで「生きる感覚」をとりもどす

鈴木：これまでDIYを広い概念として、「自分の暮らしや社会の仕組みを自分で手を入れていこう！」という文脈で話してきたけど、それって本当は当たり前のことなんだよね。本当は。

海：そう、当たり前なんだけど、それを忘れた特殊な人種が「消費者」だと思う。昔は一部のエリートだけが何も生産しない消費者だったのが、だんだん増えて消費者だけで成り立つ国になっちゃった。でも、消費者ってお金がないと生活できない弱い立場だと思う。だから、いかに消費者から生産者にアイデンティティを切り替えていくか。僕にとっては、そのひとつのやり方が農業だった。

鈴木：「生きる」という感覚を取り戻すべきなんだと思う。具体的には、種を植える。虫が飛ぶ。生える。収穫する。料理する。身体の中に入る。次の日に起きてまた、もう一度昇ってくれた太陽に感謝する…そういう自然の循環や生命が生まれる感覚を取り戻すこと。以前知り合った農家のおじさんが「農家はなあ、セックス産業なんだよ。めしべとおしべがさ」と言っていて。

海：農家って下ネタ好きなんだよね。自然がそうだから。俺のパーマカルチャーの先生も「パーマカルチャーのカルは、セックスカルトなんだ（笑）」と言ってたけど、いかに植物を増やすか、動物や生命を増やすか……ある意味セックスの話ばかりしている。日本はセックスレスで世界中で話題になっているけど、それも自然からかけ離れた結果だと思う。DIYは、そうやって切れてしまった自然とのリンクを取り戻す方法でもある。

鈴木：歴史的に見れば大量消費社会って、つい最近登場してきた仕組なんだよね。これまで発展した文明はほぼすべて、環境問題で滅亡したとも言われていて。今、僕たちは地球が2.5個必要な暮らしをしてる。利子を食いつぶして、元本がガンガン減ってる状態だよね。みんながハッピーに生きて、なおかつ利子の範囲内で暮らしていかないといけない。それって、今の社会とはかなり違う形になるはずで。そりゃもう圧倒的にクリエイティブに、社会を作っていかないと間に合わないと思う。その

時に、一人ひとりが「自分でやる!」つまり、DIYの考え方が、ものすごい大事になってくると思っているの。

DIYから自分のストーリーをつくろう!

海：DIYとつながる言葉はエンパワーメントだと思う。DIYによって、自分は消費するだけじゃなくて、作れる、社会を変えることができるという参加者のメンタリティが芽生える。いかにそういうきっかけを日常に作っていくか。シティーリペアでは、毎年みんなで交差点を塗るから、全然興味のない普通の人もそこを通るんだよね。そこでブラシを渡して「塗ろうよ」って塗ったら、もう参加者になって戻れなくなっちゃう。僕が街でゲリラ瞑想とか、ゲリラガーデニングをやっているのもそれが理由。

鈴木：やらせちゃうんだ。すご腕セールスマンのやり方だね（笑）。

海：楽しさは重要なポイント。やりたいけどできない人たちを、いかに知らぬ間に誘い込むか。そうやってDIY精神を持つ人をどんどん増やしていって、いざ、金融システムが崩れたり、大きな地震があった時に、みんなで種を持って、「今から植えるぞ!」みたいになればいい。

鈴木：アスファルトを剥がすには？というまとめサイトができたり。

海：そうそう。都会だと植物を刈るのが面倒とか、税金の関係で駐車場にしちゃったりするけど、いらなくなることは良くある。そんな時、ポートランドではでっかいハンマーを持ってきて、アスファルトを剥がして収穫ができる有機畑をどんどん作っているんだ。都会も一枚はがせば自然は残っているし、よく見ると、自然はアスファルトの間から勝手に帰ってこようとしている。そんなしぶとい自然に、いかに僕らにも有益になるように関わっていけるか。ゲリラガーデニングや種まきは、楽しいしコストもかからない割に、収穫もできるし、冒険がある。都会って、管理されつくしているから、あまり冒険がないけど、一歩踏み出せば、そこに冒険は待っている。

鈴木：社会変革をやっている人たちが、あまりパチンコとかギャンブルにはまらないのはさ、人生がギャンブルだから。自分がいいと思う社会を勝手につくって広げるのが、一番エキサイティングでヤバイ生き方。

海：パチンコよりすごいギャンブルにしたいよね。最近、僕は大学を100%自然エネルギー化したくて営業をやっていて。それほど根拠がなくても、「自然エネルギーを100%作るぞ!」って仲間を増やしているんだけど、こういう活動の重要なところはストーリーやビジョンだと思う。「政治は変わらない、もう世界は滅亡する」というストーリーでいるのと、「政治は変えられる。世界は変えられる」というストーリーを持っているのとは全然、行動のやり方が違う。

鈴木：そうだね! 付け加えると、そこで生まれたたくさんのストーリーを、みんなに共有していくのが、greenz.jpみたいなメディアの役割だと思う。私にもできるんだ! という感覚をみんなが持つ。みんなワクワクする。それが大事。そんなストーリーが集まって、大きな社会的なストーリーになっていくんだと思う。わくわくするね。次はさ、お互いに具体的なプロジェクトの話しをして、実行していこう!

K：やろうやろう!

『ほしい未来』は自分の手でつくる』
鈴木菜央著
星海社新書
¥840（税別）

鈴木菜央（すずき・なお） ／ NPOグリーンズ代表　greenz.jp編集長。1976年バンコク生まれ東京育ち。2002年より3年間『月刊ソトコト』にて編集。独立後2006年「ほしい未来は、つくろう」をテーマにしたWebマガジン『greenz.jp』創刊。千葉県いすみ市在住。家族4人で35㎡のタイニーハウス（車輪付き）にて、小さくて大きな暮らしの実験中。著作に『「ほしい未来」は自分の手でつくる』。

＊1　greenz.jp
NPO法人グリーンズが運営する、"ほしい未来"をつくるためのヒントを発信するWebマガジン。アイデアとアイデアをつなげるイベント「green drinks」や、アイデアをカタチにする学校「green school」、ブックレーベル「green Books」など、情報の発信から対話の場づくりまで、さまざまなプロジェクトを展開している。

＊2　バックミンスター・フラー
アメリカの思想家、デザイナー、構造家、建築家、発明家。ジオデシック・ドームや著書『宇宙船地球号』などで知られ、デザイン、建築分野で多数の発明を通じて人類の生存を持続可能にするための方法を探り続けた。

＊3　ヴィクター・パパネック
オーストラリア生まれのアメリカのデザイナー。著書『行きのびるためのデザイン』を通じて商業主義化してしまったデザインを告発し、デザインを商品を売る手段としてではなく、倫理的な行為としてみなすよう訴えた。

DIY　　　Message

Kiyokazu Shidara

永続的な都市を作り出すために
[PCCJ代表 設楽清和]

日本におけるパーマカルチャーのパイオニア、NPO法人パーマカルチャーセンター・ジャパン代表の設楽清和さん。18年前から藤野を拠点に、毎年パーマカルチャー講座を行い、何百人もの卒業生を生み出している。2011年からは世田谷、横浜などでアーバンパーマカルチャー講座も行なっている設楽さんに、アーバンパーマカルチャーについて尋ねてみた。

DIY　　　Message

2012年のパーマカルチャー夏フェスにて、同年度のデザイン＆実習コース生達と記念撮影。

パーマカルチャーの原型は
祖先の暮らしの中にある

　世界中を見渡しても、純然たる田舎にパーマカルチャーが持ち込まれたことはない。なぜなら、伝統文化が根づき、自然と人間との力関係が調和的に確立しているような集落には、もともとパーマカルチャーが存在しているから。

　よくこう聞かれる。「パーマカルチャーって、我々の何世代か前の祖先がやっていた生活と同じなの？」と。

　実際その通りだと思う。何世代にもわたる生活によって自然と調和した文化が成立した集落において、次世代の人間達はそれを受け継ぐことで自然の恩恵にあずかることができるし、安定した永続可能性のある生活を営んでいける。そこにはパーマカルチャーの原型がある。私たちはもともとそこから学んでいるわけだ。

田舎に依存する
都市を変えていく

　都市というのは本来、都市だけでは存続できない空間で、常に田舎と対になって存在してきた。田舎の安定性と永続可能性が存在することによって、はじめて都市が存続可能になるというのがこれまでの歴史。

　ところが、都市が無秩序に肥大化しすぎると、やがて田舎を食いつぶしてしまう。行き過ぎた環境破壊によって、文化もろともその地域は滅んでいく。人類の歴史においては、5000年くらいの周期でそれが繰り返されている。

　まさに今の世界がそんな状況だと思う。地球規模での自然破壊によって、自然の余力はほとんど失われ、都市を中心に地域のコミュニティも分断されてしまった。どこを見渡しても、自然の摂理から目を背けた個人の欲望だけが暴走してい

るだけ。だからこそ、今都市をどのように変えていくかが重要な課題となっている。都市が今までのように田舎に依存しながら、消費の場としてのみ機能するのであれば、人類には未来がない。これからの都市には、今まで田舎が担ってきた機能をある程度移していかなくてはならないのではないか。そうしないとこれからの都市は成り立っていかないだろう。

そこで必要とされることは何か? 自然が持つ大きな潜在力に人間がうまく手を貸すことで、自然の循環を生かしながら生産性を高め、人間の生活を豊かにしていくというパーマカルチャー的な思考を都市の中に導入する。そうすることによって、自然と共生しながら都市に新しい文化を生み出していくこと。これがアーバンパーマカルチャーの基本的な考え方になるだろう。

都市は「まつりごと」の場——自分たちの手で都市を作り変えるために

都市は、さまざまなものが生み出され、大量に消費されていく場。だからサステナビリティ(持続可能性)をいかにして成立させるかが問題となる。しかし、具体的な方策となると、そう簡単には出てこない。
ベランダで菜園を行ったり、身近なコミュニティ活動を展開したり、そんな行動も大事にしたい。だけどそれだけでは、肥大化した都市が、これまで永続的に築かれてきた自然に基づいた文化を食いつぶしてしまう動きを、止めることはできないと思う。そこは、アーバンパーマカルチャーとして性根を据えなくてはいけない部分だろう。
おぼろげながら、見えてきたことも確かにある。それは新しい産業というものの姿といったらいい

だろうか。

都市というのは、もともと『まつりごと』の場であった。それは政治であり、宗教であり、祭りであり、これらが機能する場所として都市は成立していた。そこで人々は、普段では得られないようなハレの時を過ごしたり、物資を手に入れたり、揉め事を解決したりしてきた。都市には本来そのような役割がある。

もう一ついえることは、都市に出てきた人々は本来すべての「まつりごと」に参加できるということ。巨大化してしまった現代の都市では、個人は都市の機能から切り離され、一方的に消費活動を繰り返すだけの存在に貶められている。

例えば、中世の都市は、住民たちが自主的に参加しながら作られたもの。政治や市場を自分たちの手で作り上げ、住民の主体性が都市を作り上げていったモデルは、探せばいくらでも見つかるはずだ。その辺をもっと意識することが、都市を作り直すひとつのポイントとなるだろう。

都市はもともと非合理的な場といえる。田舎だったら、腹が減ったら畑に行って食物を採ってきて、その辺の木を切って煮炊きすれば生きていける。都市ではそんな単純な営みさえ自前で行なうことが難しい。電車に乗って買い物に行き、それだけでも膨大なエネルギーを消費する。そんな非合理な空間だからこそ、さまざまな工夫が必要となる。これらの行為を、まず自分たちの手の内に取り戻していくことではないだろうか。

都市という大きな存在から隔てられた個人が、自分たちの創造力をもって政治や市場に参加し、都市を作りかえていくこと。既存のシステムに依存して、単なる消費者として都市に存在するのではなく、都市に生産者として参加することが必要だと思う。そしてさまざまな『まつりごと』を都市

住民の手に取り戻すポイントは、まさに政（まつりごと）である政治との関わりにある。政治抜きにはアーバンパーマカルチャーを語れない。ここが一番難しいところだ。

「共」の場をつなぎ
新しい都市の形をつくる

今の社会では、「私」というプライベートな場と、「公」というパブリックな場は強固に存在するが、その中間をつなぐ『共』の領域が脆弱だ。私たちが何かを生産したくても、私有地は占有されているし、公園のような公の場も使うことができない。だからそこに共の場を創出していくことで、私たちは都市の「まつりごと」に参加し、生産者としての活路を見出すべきだと思う。

「共」の概念を具体化した場や動きは、都市のなかに少しずつ浸透し始めている。マルシェとよばれる参加型の市場、共働という新たなワークスタイルの可能性を秘めたコワーキングスペース、シェアハウスやコミュニティガーデン、コミュニティビジネスなどの具体的な取り組みに共通するのは、自発的な行動から始まる人々の結びつきから始まること。まさに「共」の概念から生まれた取り組みといえる。

個というものがあって、共がある、それからさらに公があるという空間感。個と公の間に共という関係性が存在すれば、個人の社会への関わり方に適度なグラデーションが生まれる。そこから共存や助け合いといった概念も育ってくるのではないだろうか。

共を結ぶものは、昔だったら血縁や閉じた地域性がほとんどだった。今では、地域という概念は拡大し、近しい価値観や共通理解が共を結ぶ絆となっていくだろう。

「共」という概念で結びついた一つひとつの意思が、都市の「まつりごと」に主体的に関わり、新たな都市のあり方を模索し創出していく…。そんな新しい形の都市を提示できれば、世界は変わる。だから、アーバンパーマカルチャーというテーマはものすごく大きな影響力を持つ。パーマカルチャーの内実が最終的に試される場が、アーバン（都市）なんだと思う。

パーマカルチャーとは何者であるか？ そこをしっかり考えた上で、都市という舞台で応用される新たな試み。アーバンパーマカルチャーという創造力が、永続的な都市を作り出せるとしたら、それは過去の人類史に存在することがなかった理想的な都市となることだろう。

設楽清和（しだら・きよかず）／1956年生まれ。上智大学外国語学部卒。1990年代に渡米、ジョージア大学で環境人類学を学んでいた際に、パーマカルチャーと出会う。帰国後、神奈川県津久井郡藤野町（現相模原市）でNPO法人パーマカルチャーセンター・ジャパン（PCCJ）設立。PCCJ代表として、パーマカルチャーの実践と普及に勇往邁進中。主著に『パーマカルチャー菜園入門』（家の光協会）がある。

CHAPTER 3

Edge

Introduction
Step into the edge!

-City Repair

-Report Dignity Village

-Guerilla Gardening

-Interview Vallicans

-Tokyo Edge Hunting

-Column by KAI

-Activity 03

-Dialogue 03 Toshimitsu Aono

「EDGE／境界」とは、元々は2つの
生態系が重なり合う境界に豊かな
生態系が生まれるということ。この
考え方を応用して、シティリペアや
ゲリラガーデニングなどさまざまな
身の回りのエッジの可能性を紹介。

オレゴン州ポートランドで行われた「交差点リペア」。市民自身の手で行われたこのシティリペア運動は後に行政も動かした。このゲリラ感がたまらない!

Edge　　　Introduction

Step into the edge!

エッジ（境界）という可能性の場へ

　アーバンパーマカルチャーの3つめのキーワードは「EDGE／境界」だ。元々は、2つの生態系が重なり合う境界にこそ、豊かな生態系が生まれることを指している。例えば、川と海が混じり合う河口には、海水魚や淡水魚、川と海を行き来する甲殻類など独自の多様性が生まれるように。僕はこの「EDGE」という考え方を、プライベートな場とパブリックな場や文化間のエッジ、法律のようなルールのエッジなどにも応用していけると思っている。エッジ、あるいはスキマ、グレーゾーンと言ってもいい。僕がゲリラガーデニングのようなアクションが好きなのもこの辺に理由がある。

「EDGE」は、一言でいえば「新しい可能性の場」だ。日本では3.11以降、それまでの生き方を変えた人や、政府にデモで主張する人が増えるなど、新しい生き方や文化が生まれ始めているけど、それらも急に起こったわけじゃない。元々、社会のエッジに生まれていた可能性のタネがメインストリームで花開いてきたのだと思う。

　アメリカのポートランドで始まった、「シティリペア」という運動は、プライベートな場とパブリックな場のエッジから生まれたものだ。自宅の庭で街の人を集めたティーパーティーから始まった住宅街の交差点をみんなでペイントする活動が、後に行政サイドも奨励するようになって各地に広がっている。日本ではどこかパブリックな場は行政のもので、自分と関係ないような意識も根強いけど、本来、パブリックな場とは、みんなの場所なんだ。だから、自分たちの手でみんなの場所をとり戻す。それが始まるのがエッジなんだと思う。

　自分や地域のもっている資源を観察していくと、さまざまなエッジに可能性が見えてくる。コンクリートの間から芽を出すタンポポのように、どんなに固められているところでも、ちょっとずつ亀裂ができて新しい動きが芽生える。

　そして今、都会こそがそういう場なんだと思う。環境問題、貧困、孤独…いろいろな問題があって、多くの人がいるからこそ、新しい発想やムーブメントがどんどん生まれている。僕の活動はそこにタネを植える人たちをもっと増やしていくことだ。「次の時代を育てる」という楽しい冒険。

　僕の活動の基本はゲリラ的なアプローチだ。わざわざ許可をもらわずに、ルールのエッジを押す。僕が今まで会ってきた先生や活動家たちも、いわゆる「やってはいけないこと」をやってきた。それはただ、ルールを壊すためにやるんじゃなくて、理念があって、それにそぐわないルールを変えるために、あえてルールのエッジやグレーゾーンに入っていく。

　「ゲリラガーデニング」や「ゲリラ瞑想」にしても、許可なしでやっていても、それを見て悪い反応をする人は少ない。ゴミ捨て場を勝手にきれいな畑にしたり、街中の歩道に座って静かに呼吸をしているなんて日常ではあまり見かけないから、いい刺激だと思う。そうやってリアルに楽しい刺激を受けることで、人は変わっていく。

　実は誰もがもっている「常識」というのもすごくパワフルなルールだけど、案外、自分の思い込みだったりする。権力のある人やメディアが決めたことを「みんなもそう思ってるんじゃないか？」と信じ込んで自己規制したり、ルールに合わせているだけだったり。

　本来、一人ひとりのもっている特性こそが、人類の財産なんだ。すべてがパッケージ化された消費社会は便利で安心かもしれないけど、そこで得られる結果も見えている。人生に冒険をとり戻そう！　誰かの許可を待つだけじゃなくて、自分の特性を生かして自らのエッジに一歩踏み出すこと。そんなお互いのエッジから新しい文化が生まれてくることを信じている。

Edge　　　City Repair

左ページ／通りかかりの人もブラシとペンキを渡され参加していく。この時は100人あまりも参加！　右ページ／立体の人魚と腕を組んで一緒に座れるのが素敵なベンチ。屋根、電気、メッセージボード、祭壇付き。手作り感が最高！

City Repair

シティリペアとは？

　ある日いつもの交差点に向かうと、見慣れたはずの黒いアスファルトが明るい黄色やオレンジの巨大なヒマワリに塗り替えられていた。交差点の一角に目を引く不思議なオブジェが置かれている。屋根付きの人魚の彫刻?? 人魚にもたれて若者が2人、楽しそうに会話をしている。なにより気になるのは、人魚のとなりでモクモク煙を吐き出している異様なカエル。さらに、交差点の反対側には傘付きのスタンドが……上にはホットポットらしきものとマグカップが並んでいる。マグカップを手にしたサラリーマンが、スタンドの上に用意されたティーバッグでお茶を淹れている。そこに主婦らしき人も寄ってきてマグカップを手にとり、サラリーマンとなにやら笑い話をはじめる。何か特別なイベントが催されているんだろうか。

　人魚ベンチに座っていたエプロン姿の若者がふと立ち上がり、煙を吐いているカエルに近づい

91

ていった。カエルの口が扉になっていて、中がオレンジ色に輝いている。そこから取り出されたのはピザ?! なんとカエルはピザオーブンだったのだ。若者は通りがかりの人にピザを紙皿に乗せて配り始める。ご馳走になろうと群がって来た人達は、わいわい会話し始め、人魚の周りは楽しげなゲリラピクニックに早変わり。トントン、と肩を叩かれて振り向くと、子どもがニコニコしながらチラシを渡してくれた。『集まれ！シティ・リペア第3回目の村作り集会！』

今立っている街角に、数種類のベリーや果樹や柳を植えて「食べ物の森」を育てるのだという。柳は今後バスケット作りなどの工作ワークショップなどで使うそうだ。

…一体どうなってるんだ?! まるで絵本のなかに踏み込んでしまったみたいだ。でもこれって夢じゃない。そう、これは、シティ・リペアという現実なのだ。

ベンチを作ることによって人が集まれる仕掛けができる。多機能的な手づくりアート。

子どもと共に作った遊び場とおもちゃの交換ステーション。都会の秘密基地！

24時間ティーステーション。交差点のそばにみんなで手作りした世界で一つだけのたまり場。近所の人が常にお湯やティーバッグ、きれいなマグを準備している。

左／オーブンにリビングルーフ！薪オーブンの屋根でせっかく集めた水を流すのではなく植物に与えている。さすがパーマカルチャーオタク達。　右／今や世界中に広がっている、本の交換ができるリトルフリーライブラリー。

94　　エッジ（境界）という可能性の場へ

シティリペアとは、コミュニティー主導による場づくりを軸とした、都会再生運動のこと。1996年にオレゴン州ポートランドでスタートして、今やロスアンジェルスなど西海岸まで広がっている。交差点をみんなが集まれる場所にしたり、街角に「食べ物の森」を作ったり、その活動の幅は広い。パーマカルチャー、エコ建築、アート、フェスとのコラボによって都市空間を本当の意味での「公共の場」に作りかえている。シティリペアは、プレイスメインキング（場所づくり）と呼ばれる方法で、市民のための場所を市民のアクティブな参加によって変え、市民同士の関係性を強めている。

シティリペアという運動は、元々、ある個人の庭に作った、リサイクル品と寄せ集めのクッションによるファンキーな溜まり場での毎週末の催

上／カエルの形をしたアースオーブン。下／地域のアイコンになったサニーサイドピアッツァ。市民をつなげるヒマワリが描かれた交差点。

しから始まった。シティリペアの共同創始者、マーク・レイクマンさんは、当時を振り返って「ただ近所の人が座って互いに挨拶を交わすための場所だった」と言うが、やがてその集まりは数百人になり、市当局が踏み込んできて違法建築としてやめさせるまでになった。

しかし、行政の動きは逆に、市民が初めて都会の交差点をみんなの場所に変えた「交差点リペア」というアクションにつながった。当初、行政側の「前例がない」というお決まりの理由で許可取りに失敗した市民たちは、みんなで集まって勝手に交差点に巨大なカラフルなペイントをして、各コーナーにはベンチを作ってしまったのだ。他にも、蜂の巣に着想を得た新聞ポストや、おもちゃを交換できるキッズクラブハウス、24時間ティーステーションやコミュニティ掲示板、小さな図書館、舞台、ベンチなどが次々できていった。

やがて、そうした市民自身の手による交差点のリペアがもたらす公益に気づいた市当局（まったく税金を使わずに街が良くなる！）は、こうした活動を法制化するに至った。

以来、ポートランドのいたるところで交差点がペイントされ、他の州でも300以上のプロジェクトが行われるようになった。他にも、コミュニティガーデンや、ベンチを学校につくったり、ホームレスのためのストローベリーハウスをつくったりなども行われている。

「みんなの手で、みんなの場所を取り戻す」シティリペア運動はどんどん広がろうとしている。まずは近所から、何か始めてみよう！

裏庭のサンクチュアリ。自然建築が合法になる前から、行政の支援を勝ち取って前例を創作した！コブに生きた屋根。

左／謎のオブジェと思ったら「The Bee」という地域のフリーペーパー用のスタンド。右／左からソーヤー海とシティリペアの共同創始者、マーク・レイクマンさん

Place Making　プレイスメイキング

　プレイスメイキングとは、1960年代にできたコンセプトで、どのように市民を対象にして、街をデザインしていくか、パブリックスペースのデザインとマネジメントのやり方のこと。

　アメリカではそれまで、ショッピングモールや車や道路等が、経済的な動きが中心になって街がデザインされていたんだけど、そうしたことよりも、市民がいかに幸せでつながっていくか、市民のクオリティオブライフ（生活の質）にフォーカスして街づくりをしていこう、という発想が生まれたんだよね。市民が街を自分たちのものだと思える、生かし合いができる空間づくり。このコンセプトが提案された後、都市開発する人たちや建築家とかが、プレイスメイキングという言葉を使いだして、広場や公園などの設計に活用されてきた。買物のために人が集まるのではなく、「心地よいから」と人が集まるような空間づくりが、今もいろいろなところで行われている。

大事なポイントはいかに市民を生かすかということだと思うけど、人々が関係性を作ることができる場、市民が参加して自分たちに必要な場を作ることが重要だと思う。

　例えば、家でやるマルシェ（市場）。シェアハウスで週末に自分たちでマルシェをやったりしてるところがあるけど、あれもひとつのプレイスメイキングだと思うんだよね。あと渋谷のハチ公前もプレイスメイキング的な要素があると思う。ある人たちが集まって、意図的に場を作ることがあるから。下町とかでも家の外にイスが置いてあって、人が座れるようになってたり。それもひとつのプレイスメイキングだよね。

　シティリペアもそうだけど、こんな風にかたちに囚われずに、自分たちが幸せで充足できるような公共の場づくり、プレイスメイキングをしていくことができると思う。

Edge   Report

Dignity Village

ホームレスによるホームレスのための自立支援コミュニティ

　ポートランドの街はずれ、裏はコンポスト広場、隣は刑務所というまさに都市の「エッジ」に初の市公認、ホームレスのための自立支援コミュニティがある。元々は、2000年にホームレスたちのテント村として始まったのが、活動家たちのサポートで組織化し、市に場所提供を申請。何度かの引っ越しを経て、この場所に落ち着いたという。14年経った今、常時50〜60人が滞在するホームレスコミュニティのモデルとして、オレゴン州各所に広がっている。

　入居者の条件は18歳以上。月額25ドルの運営費と週10時間コミュニティのために労働すること。助成金ナシで運営される非営利の自立したコミュニティとして、入居者たちは捨てられた鉄や薪をネットで売って、自分たちでお金を稼ぎながら生活している。

　すべての家は10〜12フィート（3〜3.6m）区画にあわせて作られており、水も電気もないが、シティーリペアをはじめ、NPOや宗教団体、学校などのサポートで、家の壁にはアート学生たちによるカラフルな絵が描かれていたり、ソーラーパネルのついた家もある。子どもたちと作ったプランターやウッドデッキもあったりする。

　滞在者の溜まり場となっているコモンスペー

1. ソーラーパネルを備えた家もちらほら。　2. カラフルな牛が迎えてくれる小屋は事務所として利用。　3. 4帖半サイズ程の小屋が立ち並ぶ。　4. グリーンハウスで植物を育てて販売も。　5. 家の壁にはさまざまなアーティストによる壁画。ゴミ箱もカラフル！　6. コモンスペースには活動の歴史写真や大型TV、DVD、本棚も。　7. 日向ぼっこに気持ち良さそうな椅子。　8. 共同トイレはコスト面から汲取式。　9. 子ども達と作ったプランター。

スには、ビレッジの歴史を示す写真が飾られているほか、薪ストーブのまわりには、ゆったり座れるソファや大型テレビ、パソコン、電子レンジもそろっている。この日、案内してくれたミッチが「以前は『TOP GUN』を何十回も観てた（笑）」というDVDや本も今や棚にぎっしり。これらはすべてドネーションによるものだ。また、他のホームレスコミュニティとは違って、ここではカップルもペットもOK。多様性を尊重するパーマカルチャーの原則がここにも生かされている。

ミッチも元々はポートランドに来た頃は仕事もなく、車の中で生活していたところでホームレス仲間と出会って活動を始め、ビレッジに住んで3年。今やこのコミュニティリーダーの一人として、地元の大学との関係を深めたり、他州で開催されるホームレス会議にも出席するほか、カナダにもホームレスのためのビレッジを作ろうとしているという。

Dignityとは人間の「尊厳」のことだ。パーマカルチャーの倫理の一つに「すべての人間が大事にされる社会を目指す」とあるように、ポートランド発のモデルをどこまで当たり前にしていけるか。この街の合い言葉でもある「Make Portland Normal!」が求められている。

Guerilla Gardening

新しい関係をつくる「ゲリラガーデニング」

　僕はよく人を誘って、たびたび「ゲリラ種まき」をしている。その面白さは都会を新しい目で見られることだ。「種を植えよう」という目で都会を歩いていくと、全然違った都会が見えてくる。道ばたにフキノトウがあったり、ドクダミもあるし、ビワの木もある。実は、都会にもいろいろな自然の恵みがあって、ワイルドハーベスト（野性の収穫）があることが実感できるのだ。

　「ゲリラガーデニング」という言葉は、元々イギリスで始まって、世界中にムーブメントとして広がったものだ。一言でいえば、公共の場に勝手に植物を植える行為。日本の下町などで、自宅の軒先からはみ出して道路に鉢植えを置いたりするのも同じだと思う。日本にはあの「花咲じいさん」のような伝説のガーデナー？だっているわけだし。

　公共の場というのは本来、行政のものじゃなくて「みんなの場所」のはずだ。でも、ほとんどの場合、フルに活用されていなくて、一つの機能以外には活用しにくくなっている。例えば道路。たいてい車や人を通すためだけにつくられているけど、ゲリラガーデニングによって道路と歩道のエッジに花や果樹を植えれば、日陰もできるし収種もできる。近所に住む人のためにももっと華やかになると思う。

　そもそも、都会だと自由に使える土地があまりない。だから、自分の住んでる土地だけでなく、税金でつくっている公共の場や空き地をもっと自分の生活に活用できるはずだ。生活範囲を自宅と職場、学校だけから、それらの「エッジ」まで意識を広げていくことだと思う。

　シティリペアも自分たちの街を自分たちの手で直し、もっと良くしようとしていくものだ。それは自分たちの街により主体的に関わるということ。例えば、誰も使わない空き地や駐車場に畑を作ったり果樹を植えることで、そこがコミュニティガーデンとして生き返り、住民同士のつながりも生まれる。

　だから、ゲリラガーデニングで大切なのは、それが新しい関係性を作るきっかけになるということだ。僕が家のまわりでやっているときにも、これがきっかけで「あなた変わってるわね」（笑）と近所の人と初めて話し始めて、いろいろ話してみると共感されたりした。そんな風に、ゲリラガーデニングは自分の所有してる空間以外に関わることだから、人とつながる可能性を楽しもう！

仕事場の目の前にある公共の花壇ゲリラガーデニング作業に勤しむ、VALLICANS主宰の岡部さん。「土地の狭い都会では庭を所有する事は困難だから、身近な場所でのG.Gが成長も垣間見れて一番楽しめる、まさに"公共の庭"づくり！である」なんつって！

Vallicans

｜バリカンズ｜ ファッション視点で園芸を楽しくする！

右写真／五十嵐一晴

「アタマを刈り上げた輩が稲も刈り上げる農園芸的刈り込み集団」という駄洒落的なコンセプトから始まった「VALLICANS」を主宰するスタイリストでもある岡部さん。ゲリラガーデニングを始めたきっかけは、ガーデニングウエアブランド「SASSAFRAS」のTシャツにプリントされていた「GUERRILLA GARDENING（G.G.）」の言葉。ピンときた岡部さんは、仲間と揃いのチームウエアを作り、表参道や駒沢公園等、都内各所でG.G.をして来た。けれど、折角自腹を切って調達して植栽した花の苗が、後日見に行くと枯れていたり（泣）、

チューリップの球根に変えて試しても、きれいに育たなかったり…G.G.の難しさも痛感。「それからは面倒を見れる無理のない範囲で楽しみながらやってます」というが、2013年には、いつの間にか全国に広がったバリカンズのメンバーの技術やセンスを活かして独自のプロダクトを売るWebショップ「HOMECENTER VALLICANS」を開店。農園芸ワークウエアブランド「HARVESTA」も展開している。

雑誌「GOOUT」では「SOTOKEN」（外遊び研究所）を連載している岡部さんにとっては、G.Gも、

1．バリカンズの象徴「刈り上げる」を家紋的にアレンジしたチームウェア。お揃いで着用。　2．岡部さんの手による作業着をアウトドアウェアと融合した農園芸ブランド「HARVESTA!」。Foxfireとコラボした防虫加工のロングスリーブTシャツ。蚊に刺されない！　3．土の中の生物を観察中の岡部親子。息子もバリカンズ（笑）　4．まさにシティリペア！魚も泳ぎ、水草も育つようになった上池台のドブ川。

VALLICANS／スタイリスト、岡部义彦が主宰する、アタマを刈り上げた輩が稲も刈り上げる農園芸的刈り込み集団

シティリペアも都会なりの自然と関わる遊び方。決して特別な事ではなくて「昔から下町とかで、おばちゃんたちがやって来たこと」だと言うけれど、今、自分の地元（ローカル）を新たに作るのが面白いのだと言う。そんな彼が、「これこそ日本のシティリペア！」というのが、とあるドブ川を20年もかけて1人できれいにしたという上池台の鈴木さん。今では川魚も泳ぐ川として、不動産屋さんも地域の名所として営業に活用しているとか。岡部さん自身も、最近は近所のドブ川を掃除をしながらも、多摩川で捕まえた魚を放流して遊んでいるんだとか。「遠くの自然の中でやるのもいいけれど、もっと気軽にライフスタイルとして近所でだって充分に楽しめるんだぜって事がポイント。結局、自分が住んでいる街をかっこよくしたいだけ。それで他の住人も外から来た人にも"良い街だね！"って楽しんでもらえたら嬉しいし、地元に対して更に愛着も持てる。そうやって地元のローカルな場所を楽しく作っていくってことを、遊びの延長でやって行きたいですね」。遊びから始まるシティリペアとゲリラガーデニング、始めてみよう！

写真／杉崎勝己（P97〜99）

Edge　　Tokyo Edge Hunting

Tokyo Edge Hunting

路上のシティリペア

シティリペアといっても実は昔からみんなやっていたこと。DIY精神あふれるガーデニングを掲載する「Tokyo DIY Gardening」から、東京路上のシティリペアを紹介します！

こんな狭い場所にもびっしりとガーデニングできる。

車の上だってガーデニングできる！
写真／Ella Rutledge

意図的か知らないけど、家のまわりの大量の植木が防犯にも役立っている模様。

小さなスイカのための小さなサポート。
写真／Jared Braiterman

瓦を使ったユニークなガーデニング。

載らなくなったバイクの上にもびっしりと植木鉢。
写真／Ella Rutledge

自販機の横から貫く木を生かしてる!

美しき制御不能な自然。

新宿の商業地区にあった蔦で覆われたビル。

植物と金魚が共生するDIYアクアポニクス。

ずた袋でガーデニング!

ビルに絡みつく木。自然の力は偉大です。

都会にだってパパイヤが育つ

駐車場だって立派な農場になる。

TOKYO DIY Gardening
／都会における手作りのアーバンガーデニングのためのハウツーや写真、考察、インタビューなどを集めたオープンソースブック。http://tokyo-diy-gardening.org

Edge　　　　Column　　　　　　　by Kai

エッジに生きる若者にこそ、
社会を変える力がある
〜ユースのエンパワメント〜

by KAI

　僕の活動は、大学時代に反戦活動と環境活動で僕自身が「エンパワメント」されたことから始まっている。ここで言うエンパワーメントには2つある。自分にパワーがあることに気づかせるという意識の変革と、技術を身につけさせてパワーを持たせること。僕は誰かをエンパワメントすることによって、組織や専門職から離れても生きていける力をつけたり、自らの生活をコントロールできる感覚をもてたり、知識や技術を学ぶことで自分の手で問題解決する能力をもてると信じている。そして、もちろん「エンパワメント」にはコミュニティの要素も重要だ。若者が一人ではないことに気づき、活動にコミットしたくなる環境であること。

　そんな想いから僕は、9.11以降、反戦運動や持続可能な生活学（ESLP）のプログラムなどさまざまな活動に自分の力を注いできた。そこでわかったのは、若い僕らにも社会を変える力があるんだということ。どちらの現場でも、若い人が主体性を持って行動していて、すごいエネルギーが渦巻いていた。特に、僕が2年間すべてを捧げたESLPは、それまで体験してきた大学の教育プログラムとしては最も斬新で、希望に満ち、実践的なものだった。それは、学生が学生のために自分

たちで責任を持って生み出す創作教育。この教育プログラムが素晴らしいのは、世界で活躍している活動家と学生が互いに学び合い、世界を変える主人公になれるということ。

　僕が「ユースのエンパワメント」を大切だと思うのは、単純に若い人たちが面白いからというだけでなく、若ければ若いほど心も脳も魂も自由で柔軟だから。10代、20代、30代前半と、若ければ若いほど思い込みや、しがらみも少ない。だから新しい発想も生まれやすい。ある意味、若者は時間的な猶予を与えられている、子どもと大人の間に生きる存在。社会に入る前の「エッジ」にいる貴重な存在なんだと思う。

　僕の好きな言葉に"Youth is the future."という言葉があるんだけど、これは、まさにそのままズバリの意味で、「若者こそが、我々の未来だ！」ということ。次の世代を育てていくということは、種を植えるのと一緒のことなんだ。若者が新しいことをできるように支援するのが大切なのに、現状の日本社会ではそれがほとんどされていない。

　僕の世界中にいる仲間には、素晴らしい活動をしている若者たちが沢山いる。彼らのことを心底リスペクトしているから、僕はいつも年齢や経験

と関係なく対等に接している。若い人たちは、彼らが生きていく未来を創っていかないといけないし、そのための問題解決をしていかなければいけないからね。若い人たちをいかに全面的にバックアップできるか。おじさんたちで、お金がある人はお金を、土地がある人は土地を、何か別の資源がある人はそれを若い人たちに提供する。これからの時代はそれがとても大事なことだと思う。

僕が関わっていたESLPでも、ある先生との出会いがあった。彼は僕らのことを全面的に信頼して学生に好きな教育プログラムを設計させてくれ、自由に運営させてくれたんだ。学生が考えて、先生はサインをする。必要なときにはアドバイスを与えてくれて、失敗しても騒がなかった。彼はプロフェッショナルな時間と資源を、惜しみなく若い僕らに注いでくれた。彼がいてくれたお陰で、「なんだ、やればできるんだ」「自分たちには力があるんだ」っていう感覚が芽生えたんだ。彼がすべてじゃないけど、彼の存在は大きかった。

今の社会は、沈みゆく船の上で一生懸命掃除をしているみたいなものだと、僕は本気で思っている。それだけ、地球の生態系の問題はのっぴきならない状況にきているし、相変わらずシステム

の中枢では、一部のおじさんたちばかりが大切なことを決めている。僕が若い人たちに言いたいのは、「一緒に未来を創造していこう。未来に目指すことを実践していこう」ということ。つまり、若い人にこそ、自分の未来を創作する意識と力を持ってほしいんだ。

僕はこの地球で大切なのは「百姓」と「活動家」だと思う。ここで言う百姓は、生態系の一部としてのあり方、自然から取り出して使ったものは自然に返す、百の職を持つ、つまり全部自分でできる、というシンプルな生き方。活動家というのは、アーティストでも、科学者でもいい。社会を変えられことを信じて実際に行動に移し、みんなが大事にされる社会のために尽す人だと思う。まさに"Be the change!"。

社会は自分たちの力で変えられるんだ。日本人は市民が社会を変革できたという実感を持っている人は少ないかもしれないけど、女性の投票権だって、奴隷解放だって、黒人差別だって……今の現実は、市民による小さな活動の積み重ねでできてきたんだ。

だから、もう一回言うけど、若い人たちには、大きな強い力があるんだよ。

Edge　　　Activity 03

ACTIVITY

ゴミ屋敷で
ゲリラガーデニングやってみた！

Before

上／近所にあった負の空間。The problem is the solution! まずはゴミ掃除から。　右／ベランダの菜園。ビルが建ってしまい、日当りが半日ブロックされてしまった。ガーデンスペースを見つけなければ…

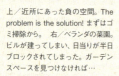

　元々は、東京でもどこかでガーデニングを実践したいと思ってたんだけど、自宅のベランダは狭くて日も当たらないし…と思っていたら、家から30秒くらいのところにゴミ屋敷みたいな場所があった。
　そこは誰も住んでないボロ家で、ポストに入れられたチラシも家のなかに散乱して、周りにもどんどんゴミが捨てられて「コンポストハウス」みたいになっていた。そのうちテレビや自転車など粗大ゴミも捨てられるようになると、一気に大き

なゴミが増えてきて…ある日見ると、ガスファンヒーターまで捨てられてた。そこで、僕は「ここは可能性がある！このゴミさえ捨てればガーデンがつくれる！」と思って、まずは少しきれいな格好をして（笑）その家の近くの住人に話に行った。「近所に住む東大の学生ですが、こんなところにゴミがあると迷惑ですよね。僕、掃除しますから。それに植物も植えてあればゴミも捨てられなくなりますよ！」って説明したら、なんだか怪しいと思っ

108　　エッジ（境界）という可能性の場へ

ベランダ菜園で余ったブロッコリーの苗を植えて、誰かが踏みつぶさないように適当な看板を置いた。

After

すぐ近くに作ったゲリラガーデン。いろいろなハーブと食べれる物が育って道路にはみ出し始めている。

ししとうの収穫！

トランジションの仲間と一緒に苗を植える。

てたみたいだけど（笑）、「あんた変わってるね…まぁ、きれいになるなら」って言ってくれて。

　まずはゴミを片付け始めて、それから、どんな植物が育ちそうかチェックして、できるだけお金をかけずに、家で余ってたブロッコリーやトマト、シシトウなどを植えた。周りの雑草も丁寧に抜いて。でも、せっかく植えたのに雑草と思われて踏まれるのも嫌だから、わかりやすくネギを植えて。ついでに「○○4丁目ガーデン」って看板まで建てて、踏まれないようにしながら「こんな場所でも畑ができるんです」と主張してみたり。結局、無事に収穫はできた。

　でも最終的には、僕がいない夏のあいだに大家さんが帰ってきて、家を立て直してまわりもコンクリートで埋め尽くしちゃった。そんな風に、ゲリラガーデニングは自分の土地じゃないから、誰が何をするかわからない。だから、投資しないこと、執着しないのが大切！

Edge　　Dialogue 03

青野利光 ソーヤー海

[『スペクテイター』編集長]　　　　　　　　　[共生革命家]

楽しく、気持ちよく、エッジに生きていこう！

「ホール・アース・カタログ」や「小商い」、「これからのコミュニティ」特集など、常に独創的な視点でメインストリームにはないけれど、これからのスタンダードになりそうなテーマをわかりやすく伝えてきた雑誌『スペクテイター』。長野に編集部を構え、一貫してインディペンデントな精神でこの雑誌を発行してきた編集長・青野利光さんとソーヤー海が、新しい可能性が生まれる「エッジ（境界）」の可能性について語り合った。

2つの生態系が
重なり合う「エッジ」には、
多様性が生まれやすい

青野：「エッジ」って、元々はエコロジカルな概念から来ているんだよね？
海：そうだね。元々は、パーマカルチャーで2つの生態系が重なり合うところを指す言葉で、日本語にすると「境界」とか「縁」、「際」とかになるのかな。自然の中でオーバーラップする部分、つまりエッジは、多様性が生まれやすくて、必然的に特殊な動植物が生息できる環境になっている。アーバンパーマカルチャーでは、これを都市や文明社会の中で応用できないかと考えた。だから、見方を変えれば、法律にも政治にも経済にも文化にも、エッジという領域はあると思う。文化にしても、新しいものの多くは、サブカルチャーやオルタナティブの領域から生まれてメインストリームに広まっていく。でも、そっちへ流れるプロセスで、尖った感じやラディカルさは薄められてしまう傾向もあるけど。もっと身近なところで言えば、パソコン。あれは、元々、オタクたちがガレージでやっていたところから始まっているよね？それにオープンソースという概念も、ハッキングという概念も、実は、エッジという領域から生まれて、一般の人たちの間にまで広まっていったものだと思うんだ。
青野：なるほどね。そうすると、海くんは、「多様性というもの」の方へ向かっていく「周辺」を指して「エッジ」と言っているのかな？

海：多様性へ向かうというのはひとつあると思う。でも、もっと、広い意味なんだ。僕なりの言い方をすれば「新しい可能性の場」がエッジという領域だと思う。いつだって新しい発想とかムーブメント、イノベーションは、

スペクテイター30号「SEEK & FIND Whole Earth Catalog」伝説の出版物『ホール・アース・カタログ』の真実を探る2号連続特集の後篇。

エッジから生まれて、メインストリームへ流れ着く、という流れがあるからね。
青野：今の海くんの説明で、自分が思い浮かべたのは、昔、存在した「サンカ」と言われている人々のこと。彼らは戸籍を持たない、山と町の間に生きていた民で、山で穫れるもので籠を編んで、それを町で売って暮らしていた人たちなんだ。素性はよくわからないけど、政府に所属したくないアナーキストだったり、何かから逃げている人だったかもしれない。そんな人たちが、やっぱりメインストリ

Toshimitsu Aono

いつの間にか、世の中変わっている。そんな状態へ導いていけたら、いいなぁと思う。

（僕なりの言い方をすれば）「新しい可能性の場」がエッジという領域の場だと思う。

ームではやっていないようなことをやって暮らしていたらしい。もしかしたら、今もいるのかもしれないけどね。自分が主宰する『スペクテイター』自体も、書籍という枠の中であえて雑誌みたいなことをやっていたり、人からは、「サブカル」とか「オルタナ」とか呼ばれたり、メインストリームというよりは周辺みたいなイメージで言われることが多いね。

周辺からこそ、面白い文化が生まれてくる

海：僕はそういう周辺からこそ、面白いものがドンドン生まれてると思う。例えば「キムチタコス」って、L.A.のコリアンタウンとメキシカンタウンが交わるところで生まれたものなんだ。横浜とか大阪とか長崎もイメージが似ている。港のように、他国との交易がある場所からは、新しい文化が生まれてきたんだ。本当は、日本も世界もハイブリッドしまくって文化を紡いできた。でも、いつのまにか、それがグローバリゼーションの流れに負けてきている。権力が集中したシステムのなかでは、物事は硬直化していく。モノカルチャーって、まさに

それなんだよ。そういう意味では、エッジは社会のセーフティーネットのような役割も担っていると思う。

青野：海くん自身も、いろいろなものが混ざっているのがいいというのが基本的な考えなんだね？

海：元々、僕のバックグラウンドがそうだしね。父と母は違う国籍が混ざっているし、僕自身、いろいろな国に住んで、自分の中にいろいろな文化が混ざっている。僕はスーツも着たこともないし、普通に働いたこともない。ずっとシステムの外で生きることを考えてきて、今じゃ、ドネーションだけで生活している。だから、基本的には、自分自身がエッジに生きている人間だと思っている。それは、中高生のときに先生やメディアが教えていた現実とは全く違う世界だった。そこには、全く新しい現実があったんだ。

「あっち側／こっち側」と分けない感覚

青野：なるほどね。でも、ひとつ自分の感覚で思うのは、「あっち側／こっち側」ということで自分を分けたくないということなんだ。例えば、自分はいつもはサブカル系とかオルタナ系

というカテゴリー分けをされがちなメディアをやっている。でも、自分の子どもの学校行事を手伝う機会もある。すると、そこにはサブカルチャーとは相容れないような、全く違った社会が広がっているんだ。昔はそれを逆転させたり、変えようと考えたこともあったけど、転覆させても、あっちがこっちに、こっちがあっちになるだけだし。だから、どっちにいるのがいい、とかそういうことではなくて、大事なのは自分の中にあるエッジの領域を意識することだと思うんだよ。

海：僕の考えも、どっちかということじゃない。どっちかではなく、オーバ

スペクテイター25号「GROW OUR OWN これからのコミュニティ」特集ではソーヤー海による「アーバンパーマカルチャー講座」も掲載。

111

ーフッ］しているところが「エッジ」だと思う。『スペクテイター』もそうかもしれないけど、「知る人ぞ知る」という情報は、一般の世界に住んでいる人に知ってもらったり、体験してもらったりするのが大事だと思うんだ。だから、社会から完全にドロップアウトして、自分の世界だけに生きるというのは、僕が考えているのとは違う。都会と田舎、お金持ちと貧乏、発展途上国と先進国、その両方を体験して、つなげる。そこに価値があると思ってるし、自分自身、それを実践しているつもりなんだ。

青野：そうか。つまり、こっち側にメインソサエティがあるとしたら、そっち側にアンダーグランドやフリンジの世界があって、その真ん中に流れている川がエッジということなんだね。

プライベートと
パブリックのエッジ

海：そうだね。エッジという領域をつくるという観点からは、「シティリペア」という概念も忘れちゃいけないことだね。「シティリペア」は、坂口恭平も言っていた「プライベートパブリック」という概念に通じると思う。つまり、プライベートな土地を解放して、土でできた超かっこいいベンチを作ったりするんだ。どこからがプライベートでどこからがパブリックかをあえて曖昧にする。まさにエッジでしょ。そもそも、行政を動かすのは相当ハードルが高いけど、オープンソースのように、プライベートなものをあえてパブリックにしてしまうと、できてしまう。それは、社会に対しての、本当に大きなメッセージだと思うんだよね。

青野：そういうプライベートをパブリックにする活動というのは、子どもたちは自然にやっていたりするよね。今、自分は団地みたいなところに住んでいて、集団住宅用の共有スペースというか広場があってね、近所の子どもたちは、そこに自転車で集まってくるんだ。大きい自転車、小さい自転車、一輪車なんかもある。で、面白いのは、子どもたちの間には、暗黙の了解があって、それぞれの自転車には鍵をかけてはいけないことになっている。これによって、何が起こるかというと、みんながそれぞれの違った自転車や一輪車を体験できるようになるんだよね。乗り方を教えあったりもするし、鍵をかけないことはルールじゃなくて、あくまでもお互いの了解。子どもって、そういうことを自然に、無意識にやっちゃうから、「すげーなー」って思うんだよ。彼らは、何も考えずに、プライベートなものをパブリックにしてしまっているからね。

エッジで活動する
世界を変える人たち

海：なるほど、やっぱり子どもは面白いね。ところで、僕が考えるエッジという領域には、結構、活動家と呼ばれる人たちが生きているんだよ。例えば、僕の活動仲間のひとりに、アイリーン・スミスさんという人がいて、彼女は、水俣病の活動をやったり、反原発運動をやったりしてきた人なんだ。彼女は一般的なメディアに出たり、仲間といろいろな連携を組んだり、霞ヶ関に議員を集めたりして、いろいろなレベルで働いている。でも彼女が一貫してやっているのは、メインストリームじゃない情報をいかにメインストリームに持っていくか、ということなんだよ。活動家には、そういうつなぐ役割をして、社会を変えている人たちが多いと思う。

青野：社会を変えるという意味では、この間、1960年代後半に発行された伝説的な出版物『ホール・アース・カタログ』（＊1）を編集したスチュアート・ブランドという人に取材をしたんだ。

スペクテイター29号「SEEK & FIND Whole Earth Catalog」より。

Toshimitsu Aono

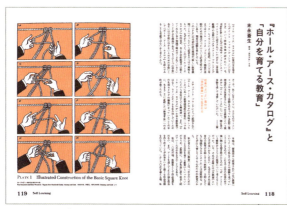

スペクテイター29号「SEEK & FIND Whole Earth Catalog」より。

彼は、自分自身のことをハッカーだと言っているんだよね。それはどういうことかと言うと、彼はすでにある情報を組み合わせることで理想の世界の在り方を読者にイメージさせる、つまり読者の脳みそをハックして、社会を変革しようと実験していたんだ。彼自身はヒッピーでもないのに、ヒッピーのコミュニティに浸って、まわりにそういう人たちを集めていたんだよね。冷静に客観的に少し引いた目で見つめながら、指揮者みたいにみんなを動かして、ハッキングして、社会をより良いものへと変革していく。「ハッキング」という概念は、あながち悪いことでもないんだよね。

『スペクテイター』の場合は、尖っていて、かっこよくて、面白いねって、みんな言ってくれるんだけど、自分自身は、アングラ雑誌やサブカル雑誌の代表をやっているつもりもないし、普通にメジャーな雑誌を作っているつもりで取り組んでいるんだよね。そういう意味では、自分らがエッジという意識はなくなりつつあるんだよ。

確かに、多くの人から見たら、エッジなメディアなのかもしれない。でも、やっぱり、作り手としては、アングラ側からの主張にはしたくないんだよね。学校の先生とか、お母さんとかにも読んでほしいんだ。

「楽しいこと」「気持ちいいこと」が社会を変えていく

海：でも、『スペクテイター』で取り上げているテーマは、一般的な雑誌では取り上げられないものばかりだよね。一般社会、メインストリームな流れの中で暮らしていたら触れられないような情報ばかり集めている。それって、エッジな情報だと思うだよね。

青野：例えば、これまでにスペクテイターで扱った題材の中には、日本では禁止されている「大麻」とい うものもあったんだ。取材、編集する中で、大麻って、巷で言われているような悪者ではないとよくわかる。でも、自分は別に「大麻を解放せよ！」みたいなことを叫んだり、変革したいわけではないんだ。アメリカで合法化が進んだことには、活動家が頑張ったとか、裏では経済に飲み込まれたなんて話も聞くけど、実は、最終的なところでは「これ、結局のところ、それほど問題ないんじゃない？」ってところに意識が高まって変わっていったんだと思うだよね。

海：確かにそういう側面はあるね。活動家のやり方のひとつにも、「タイミングよく、ちょうどいいことをする」ということがある。それは、日本人の多くの人たちが「活動家」という言葉に対して持っている「オラーッ、変えるぞー」っていう感じじゃない。僕がやっているギフト経済や共感コミュニケーションのワークショップも、変

青野さんのオレゴン州取材より。

Edge　　　Dialogue 03

青野さんのストローベイルハウス取材より。

革は目指しているけど、力で変えようというんじゃない。
青野：自分がいつも思うのは、基本的に人は、「楽しいこと」とか「気持ちいいこと」だったら真似をするんだよね。だから、社会の変革を考えるときには、そういう真似をしたくなるようなことを意識的に増やしていくことが重要なんだと思う。いつの間にか、世の中変わっている。そんな状態へ導いていけたら、いいなぁと思うんだ。そんなことから、「楽しいこと」、「気持ちいいこと」を伝えることが自分の役割だと考えているんだ。
海：そうだね。僕の場合、いつも「エッジ」という言葉から連想するのは、映画『マトリックス』のことなんだよね。思い込みと本当の世界を往来する。本当の世界を伝える人が存在するから、面白いんだよ。実際、僕らの世界にも、現実から抜け出たい人たちは沢山いるけど、どうやったら出られるのかは分からない。エッジから生まれるものは、そういう人たちが最初に出会う場や機会になると思う。「田舎生活」と聞くと、農的な、貧乏臭い暮らしを思い浮かべるのかもしれないけど、僕がジャングルでしていた生活ではそうじゃなかった。森の中でipodでダンスミュージックを再生して、仲間と面白い話して、楽しく踊っていたんだ。よいものが融合していた。だから、エッジに生きることは、楽しくて、気持ちいいことだって、僕自身は誰よりも知っているんだよね。
青野：そうなんだ。そんな風にエッジの領域が少しずつ増えていくといいよね。気持ちよく、楽しくね。

*1 『ホールアースカタログ』
1968年にスチュアート・ブランドによって創刊され、カウンターカルチャー・ムーヴメントを盛り上げた「伝説のカタログ」。スティーブ・ジョブズがスタンフォード大学の卒業式のスピーチで同誌最終号に掲載されていたキャッチコピー「Stay Hungry, Stay Foolish」を引用したことでも知られる。

*2 ハッキング
一般的には、他人のコンピューターに不正に侵入するなどの行為を指して呼ばれることが多いが、言葉自体は善悪の要素をもたず、悪意を持った行為に限定されない。

*3 サンカ
日本の山地や里周辺部で過去に見られたとされる、定住することなく仕事を求め村々を移動する不特定の人々。山窩、山家などさまざまな漢字が存在する。

あおの・としみつ　1967年茨城県生まれ。スペクテイター編集・発行人。大学卒業後、2年間の商社勤務の後、1992年、インディマガジン『Bar-f-Out！』（バァフアウト！）を山崎二郎、北沢夏音と創刊。TCRC設立。1999年、『Spectator（スペクテイター）』創刊。2001年、有限会社エディトリアル・デパートメントを設立。2011年、編集部を長野市へ移す。
www.spectatorweb.com

CHAPTER 4

Gift

Introduction
Gift Economy Changes
Money & Life

-Freeconomy Movement

-Potluck

-Donation

-Interview Gift Economy Lab

-Column by Mirei Hattori

-Activity 04

-Column by Magari

-Dialogue 04 Takaaki Kumakura

貧富の格差を拡大させるグロー
バル資本主義経済のシステムを
乗り越えるムーブメントとして、
世界中で広がりつつあるギフト
エコノミー。この章では新時代の
豊かさを生み出す"与え合い"の
経済の実践方法をガイドする。

1粒の種が100粒に ──
与えれば与えるほど
世界はもっと豊かになる

ギフトエコノミーを実践すると、ギフトが集まってくる

"与え合い"の循環から思いやりの連鎖が広がる

Gift Economy
Changes Money & Life

"与え合い"で成り立つ経済 ギフトエコノミー

　自然の摂理を思い浮かべてほしい。1粒の種が100粒に、その100粒が1万粒に……。と、どんどん増えていかないだろうか? これが"ギフト"の原理で、自然界では、何かを与えれば与えるほど世界はもっと豊かになっていく。

　僕たちは、こうしている今も、そういうギフトで成り立つ、ものすごく豊かな地球にすでに住んでいる——はずなのに、現実には、「あれが足りない」「これが足りない」と、"足りない精神"に取りつかれ、振り回され、いつの間にか疲れ果ててしまっていないだろうか?

　この"足りない精神"を生み出しているのが、貧富の格差とともに世界中に広がってしまったグローバル資本主義経済のシステム。そして、このギスギスした経済をドライブさせるのが、見返りを求める交換関係だ。人に何かをあげることは、あなたにとって、プラス? マイナス? 見返りがなければマイナスだと考えると、与えることは"損"になる。与えれば与えるほど、あなたの何かが足りなくなる。と言われると、なんだか与えることが不安になる。だんだん心の余裕もなくなって、与えることをやめてしまう。あなたのなかに存在する、与えても決してなくならないはずのスキルや資源は眠ったまま、社会のなかに循環しなくなる。

　だけど、考えてみてほしい。そんな世界、本当に豊かだろうか? 1%の富裕層が支配するこの経済システムに対して、世界中の99%の人たちがNOと声を上げ始めている。ギフトエコノミーの実践も、グローバル資本主義経済のシステムから抜け出すために注目されているムーブメントのひとつだ。

　ギフトエコノミーとは、"与え合い"で成り立つ経済のこと。与えてもなくならない、自分のなかにある豊富なモノ。それを見返りを求めずに与えるのがギ

フトエコノミーの実践で、それを支えるのが"ギフト精神"だ。

　ギフトエコノミーで暮らすというとき、自然のなかにある農村での暮らしはイメージしやすいかもしれない。だけど、僕が面白いと思うのは、都会での実践。都会のなかにいたって、僕たちは、すでにギフトエコノミーに参加している。Wikipedia、Linuxなどのオープンソースから、臓器移植まで。意識的に見てみてほしい。誰かによる、誰かのためのギフトは意外と身近にたくさんある。

　この章では、フリーエコノミー運動、ポットラック、ドネーション、ペイフォワードといった、世界中のさまざまなギフトエコノミーの事例や方法、僕自身の実験から都会で実践できるギフトエコノミーを紹介する。

　面白いことに、ギフトエコノミーを実践すると、自然とギフトが集まってくるようになる。この本もまさにそういう形でできていて、もともとは、コンビニでコピーをとって「ZINE（自主制作本）」でも作ろうかと友達と話していた。だけど、僕の「都会で実践できる日本初のアーバンパーマカルチャーガイドブックを作りたい！」という想いに、20人あまりの素晴らしい仲間たちが集まってくれた。クリエイティブ・ディレクター、編集者、ライター、デザイナー、カメラマン、料理人たちが自分のスキルや時間などを喜んでギフトしてくれて、この本はできあがった。

　さあ、あなたのなかにある、与えてもなくならない豊富なものは何？ それを、身近な誰かに与えてみよう。すると、眠っていたモノやスキルが循環を始めて、あなたはだんだん豊かになる。与えても減らない、あなただけのギフトを見つけて、ギフトエコノミーの実験を始めよう！

Freeconomy Movement

"無銭"の実験「フリーエコノミー運動」

マーク・ボイル。邦訳著に『ぼくはお金を使わずに生きることにした』（吉田奈緒子訳、紀伊國屋書店）

　僕がはじめてギフトエコノミーに触れたのは、2009年。イギリスの地方都市ブリストルで、「フリーエコノミー・フェスティバル」というイベントに参加したときのことだった。「フリーエコノミー（無銭経済）」というのは、お金を使わず、無償でモノやサービスを与え、受け取ることで成り立つ経済のこと。まさにギフトエコノミーの実践だ。

　ブリストルには、このフリーエコノミー運動の創始者マーク・ボイルが住んでいる。彼は、1979年アイルランド生まれ。大学で経済学を学んだ後に、英国に渡った。オーガニック食品業界で働いてから、2007年にフリーエコノミー運動をスタート。貨幣経済がもたらす矛盾を根本から問い直そうと考えた彼は、2008年の「国際無

買デー」から1年間お金を全く使わず暮らす実験を行い、全世界で反響を呼んだ。このフリーエコノミー運動は、モノやサービスの提供者と享受者という交換関係に陥りがちな人と人の関係を考え直すきっかけとして注目された。

僕は、彼が企画した「フリーエコノミー・フェスティバル」にボランティアで参加してフリーエコノミーを体験した。

このイベントは、誰でも参加できて、モノやサービスが無償でシェアされる不思議な空間。僕は参加者に無料のフルコースディナーをふるまうのを手伝った。食材集めもフリーエコノミーだけにお金をかけず、ドネーションだったり、賞味期限切れの食品や、自生している山菜を集めたりして、200人分の豪華なディナーをひたすら料理した。

参加者は、ホームレスからオルタナティブな生活に関心があるお金持ちまでいろいろな人が集まり、食事をしながら大盛り上がり。ふだん顔を合わすこともないような参加者同士が、バックグラウンドを超えて仲良くなる最高のイベントだった。お金を介在させないことで、人と人は違うつながり方ができることに気づかされた。

僕はこのイベントに参加してはじめて、"与え合い"で成り立つギフトエコノミーの可能性について意

誰でも無料で参加できるフェスティバル「フリーエコノミー・フェスティバル2009」のポスター

識し始めるようになった。

この他にも、マーク・ボイルはフリーエコノミー運動の一環としてユニークな活動を行っていて、フリーエコノミーに共感した人たちがつながるためのWebサイト「justfortheloveofit.org（そうしたいからするだけ）」を立ち上げている。

このサイトには、自分の住むまちの地図が載っていて、自分が誰かのためにシェアしたいスキル、道具、空間を書き込めるようになっている。お年寄りの買い物を手伝いますとか、歌が好きだから歌いますとか、自転車のパンクを直しますとか、何でも書いていい。

ポイントは、このサイトを通じて誰かを助けたり、助けられたりしても、お金の交換も、モノの交換もないこと。すべて、「そうしたいからするだけ」。無条件で提供されていて、助け合いが生まれるきっかけになっている。

現在このサイトは「ストリートバンク（www.streetbank.com）」にリニューアルされ、参加者は全世界に約4万人、5万件近くのスキルや道具などがシェアされている。フリーエコノミー運動に興味がある人はチェックしてみてほしい。

コミュニティサイトの「ストリートバンク」では、登録者同士がスキル・道具・空間をシェアできる

121

Gift　　Potluck

Potluck

持ち寄りご飯が与えてくれる、おいしさ以上のこと

こだわりの料理を持ち寄ると、自然と会話も弾む。屋外でも楽しめる。

持ち寄る食べ物は、シェアしたいものであればなんでもよい。

　都会でギフトエコノミーを実践しようと思ったら、一番やりやすいのが「ポットラック」だと僕は思う。ポットラックというのは、持ち寄りご飯。参加者が好きな食べ物を持ち寄って、みんなで食べる。食べ物の"与え合い"の場だ。僕はワークショップをしたり、友達と集まったりするときは、たいていこのポットラックをしている。

　おいしい食事を囲むと、心理的なガードが下がって会話が弾み、知らない人同士でも盛り上がる。「自然農で育てた野菜の漬け物です」とか、「いつもランチで食べてる菓子パンを持ってきました」とか、それぞれが自分の持ち寄った食べ物のエピソードを語って、好きなものをシェアしたり、お互いの生き方を分かち合ったりする機会を得る。食事は毎日するものだけど、ポットラックは、そうやって人のコミュニケーションを活発にする機会になる。与え合うことで、つながりが生まれる身近なきっかけになっている。

　このポットラックの歴史は古くて、ネイティブアメリカンもずっとやっていたし、どこの国に行ってもだいたいある。

　僕が最初に実践したギフトエコノミーの活動も、ポットラックだった。

　大学生のときに有機農業をしている友達が多かったのもあって、みんなで食べ物を持ち寄り、分け合っていた。畑って、収穫期に一度に同じ作物がたくさん採れる。自分だけでは食べきれないから、"与え合い"が生まれやすいんだ。ブリストルでフリーエコノミー・フェスティバルに参加する前からポットラックは自然にやり始めていて、当時はまだギフトエコノミーというコンセプトでは考えてはいなかったけど、小さな実践だった。

　アメリカのブロックスで、2年間パーマカルチャーの研修をしていたころも、毎週日曜は島中の人が集まるポットラックの日だった。このイベントは誰でも参加できたから、島外からも参加する人たちがいて、いろいろな食料を持ってきてくれた。僕らは新鮮な野菜とか果物を提供して、外から来る人たちは僕らがふだん食べないジャンクフードなんかを持ってきたり（笑）。いろいろな食べ物が集まることで、知らない人たちとの交流が活発になるし、その違いから食の価値観や、ライフスタイルのあり方が見えてくるんだ。

　このポットラックを僕は東京に移住後もやってきた。これは誰でも簡単にできるギフトエコノミーの実践だと思うんだ。

We Love Potluck!
私もポットラックやってます！

広瀬裕子

ひろせ・ゆうこ
（エッセイスト／編集者）
こころとからだ、目に見えるもの、見えないもの、を大切に思い、表現している。著書に『まいにちのなかにオーガニック』（天然生活ブックス）、『あたらしいわたし　禅100のメッセージ』（佼成出版社）など。
http://hiroseyuko.com/

「ごはんを食べよう」という話になると「誰の家に集まる？」という流れになります。「誰かの家で」「それぞれが持ち寄って」が当たり前のこととしてあるのです。ちいさな子どもがいる友人が多いので家でのポットラックは気兼ねなくすごせる、というのも大きいのかもしれません。メニューは野菜中心のベジ料理がほとんど。食材を大切にしている人が多く、子どもも、大人も安心して食べられるものがテーブルに並びます。「おいしい」に対して同じ思いを持つ人たちが集っているのでしょうね。みんなのベジ料理は、おどろくほどおいしく、最後のデザートまでいつも満足します。充ち足りるのです。ポットラックはエネルギーの交換のよう、と思うほど。いや、きっと、そうです。作ったものは、その人のエネルギーが伝わります。「食べ物」は、最も伝わりやすいものにちがいありません。おいしいレシピを教えてもらうことも度々。それが次のポットラックにつながっていきます。シェアと循環ですね。

マツーラユタカ

まつーらゆたか（つむぎや）
物書き料理家。金子健一とともにフードユニット「つむぎや」として活動する他、個人ではライター稼業も。著書に『らく麺100』（主婦と生活社）などがある。http://zakkicho.tsumugiya.com/

レシピっていうのはオープンソースなんだ。常々そう思ってる。自分たちがホームパーティのときによくやるのが、創作の手巻き寿司。ゲストには「大好きなごはんのおかずを持ってきて」と指令を出す。自分はごま油と塩で味付けしたごはんと、得意料理を2品ほど用意。これで準備は完了。あとはみんなが持ち寄った料理がすべて手巻き寿司の具になるという仕組み。おかずごとにおいしさがあり、レシピがあり、ストーリーがある。「コレは母から受け継いだ味」なんて思い出話を聞いたり、作り方を教えてもらったり……。食卓を囲み、みんなで巻き巻きしながら、ごく自然に、たくさんのことをシェアできるんだ。この日並んだ料理がまた誰かの食卓へ。紡ぎ紡がれ、そんなふうにおいしい連鎖は続いていくのだ。

きたはら・まどか
（NPO法人森ノオト代表）
環境に特化した執筆業の傍ら、子育て世代の主婦による地域メディア森ノオトを立ち上げたエレキガール。著書に『暮らし目線のエネルギーシフト』（コモンズ）がある。http://morinooto.jp/

北原まどか

　とある年の大晦日、横浜郊外の団地の集会所に9人の主婦が集まった。葉らん、南天の葉が花瓶に活けられ、お重が並び、長机には各々が持ち寄ったおせちがずらり。地域の仲間と完成させる「持ち寄りおせち＝和製ポットラック」。一人が2-3品つくってみんなで詰めれば全19品の豪華おせちが完成！ 一の重は祝い肴。黒豆、数の子、田作り。二の重は甘いもの。栗きんとん、伊達巻き、紅白かまぼこ、きんかん甘煮、百合根煮、くわい煮。三の重はしょっぱいもの酸っぱいもの。松風焼き、海老のつや煮、棒鱈、椎茸の陣笠焼き、紅白なます、昆布巻き。与の重は、お煮しめと八頭煮。核家族化もどこ吹く風。地域がゆるやかな家族になっていけば、季節の行事を楽しむことも、子どもの成長の喜びも幸せも、皆でシェアできるんです。

石田紀佳

いしだ・のりか（キュレータ）
世田谷ものづくり学校では「巡る庭」として都市の緑を夢見る。「庭仕事をしたい方はいつでもどうぞ。持ち寄りランチしてます」http://meguruniwa.blogspot.jp/

　野原を眺めていると、草たち虫たちがおのおのの力を持ち寄って、生きているのが見えてくる。たぶん土の中でも、持ち寄りパーティが開かれている。わたしたちの体内でも、もちろん宇宙でも。さまざまなときの流れで、それぞれの役割を変えつつ、エネルギーの交流、交換が渦巻いている。こんな宇宙のなかで、人間である私のいっときの存在は何を差し出せるのか……。途方にくれて消えてしまいたくも、たまに、なるけど、「夢を見続けること」と体ぜんたいで確信するときは、元気がみなぎる。きっとエネルギーの交流が活発になるんでしょう。だから人といるときには、夢（想像力）をできるだけ差し出したい。人間関係で夢の交換ほど尊いものはないですよね。

Gift   Donation

Donation
お金と人の関係を変える方法

次に紹介するギフトエコノミーの実践方法は、ドネーション（寄付）。街頭募金から、チャリティイベント、インターネットを使ったクラウドファンディングまで、いろいろな方法があるよね。僕のワークショップもできるかぎりギフトエコノミーを実践したくて、参加費制ではなく、ドネーション制にしている。

僕の理想は、平和活動や持続可能な社会づくりを行いながら、生産的に暮らしていくこと。だけど、東京に住むようになってからは、やっぱり消費中心の生活になり、食費、交通費、学費……と、一気にお金が必要になってしまった。

そこで、社会活動だけで生活できればと、ワークショップをやっていこうと決めたけれど、参加費制では、僕の理想は実現できそうになかった。

最初は、ほかのパーマカルチャー講座の募集人数や料金などの情報を参考にして"ビジネスプラン"を考えていたけれど、そうしたら、だんだん、もっと参加費を高くしたいとか、もっと人を集めたいと、どんどんストレスになってきた。

でも、こんな気持ちに影響されたワークショップ、誰が共感するだろう……。これまでいろいろな人から素敵なギフトを貰ってきて、それもより多くの人に広めたい。ワークショップは僕自身のギフトだと思っているけれど、どうも気持ちとうまくかみあわない。

そう思って、僕はワークショップを実践しながらお金とうまく付き合うために、4つの理念を明確にした。

① Passion is Priceless

パッションに値段をつけないこと。値段をつけると、仕事との向き合い方がゆがんでしまう。

誰だって自分のパッションを仕事にしたいわけだけど、お金にならないことが多い。「自分のライフワークはAだが、ライスワーク（収入源）はB

Kai's 4 Principles

ソーヤー海式

お金と人の関係を変える4つの理念

1. Passion is Priceless　パッションに値段をつけないこと
2. Barrier Free　誰でも参加できるようにすること
3. Pay it Forward　受けた恩を、別の人に返すこと
4. Share the Abundance　豊かさを分かち合うこと

127

Gift　　　Donation

だ」と。そして仕事そのものにパッションはあっても、お金のためにやる仕事にはパッションが湧かないとか、逆にこの値段ならやりたくないとか、純粋なパッションがなくなってしまう。

でも、パッションは、命のエネルギー。お金に影響されず、自由に表現するのが理想。この理想を実現するひとつの方法として、パッションに値段をつけないことがあると僕は思っている。

僕のワークショップも値段をつけていないけど、なかには5,000円、10,000円と相場よりずっと多くの寄付をしてくれる人たちがいる。それはその人たちなりのギフトで、僕の活動を支援してくれていたり、次にワークショップを受ける人たちのために寄付されていたりして、僕のパッションを支える原動力になっている。サービスの提供者、享受者という一方的な関係ではなく、"与え合い"の関係が生まれるんだ。

こうして多いときには1日に何万円か集まるときもあって、経済的にも成り立っている。野菜を貰ったりもするし（笑）。この関係性の変化が、僕としては魅力的だと思う。

② Barrier Free

バリアをなくし、誰でも参加できるようにすること。パーマカルチャー、瞑想、非暴力コミュニケーションは、世の中をよくする重要な知恵なのに、値段が高すぎて参加できないというのはもったいない。個人的にも何千円もするワークショップは受けてこなかったのもある。

それに、本当にお金のない人たちこそそれらの知恵を活かせるのに、排除されてしまうのはおかしい。金銭的なバリアは簡単に精神的なバリアになって「ワークショップってなに？ 3,000円もかける価値があるの？」で関係性が終わってしまう。これは、そもそものパーマカルチャーの理念にそぐわない。それに、一部のファンとか、お金に余裕がある人だけ参加してても、多様性が生まれないし、広がらない。値段がいくらでもよけ

Camp House　"しる・つながる・つくる"を取り戻す実践

東京にある「キャンプハウス」は、そこに暮らす写真家・三枝直路さんが築50年のアパートの一室をまわりの人の協力によって改装した自宅兼の多目的空間だ。「しる・つながる・つくるを自分たちに取り戻す」をコンセプトに、自宅を開放する"住み開き"を実践。イベントをドネーション制で開催することもある。「改装作業も、周囲からのギフトで助けられました」と語る三枝さん。壁や床の改装や掃除などを手伝いたいという人が自然と集結したという。現在は、ペイフォワードの実践として「つむぎコーヒー」というイベントも屋外で開催している。

居心地のよい「キャンプハウス」には
海外からの旅行者も訪れる。

れば、「3,000円なんて出せない」と言う人たちも言い訳できなくなるしね（笑）。だから僕はできるかぎりバリアをなくすようにしている。

③ Pay it Forward

ペイフォワードは、日本語では"恩送り"といって、誰かから受けた恩を、その人に直接返す"恩返し"ではなく、別の人に送ること。ペイフォワードは、"与え合い"が循環するきっかけになる。与えられた人の意識が変わると、また別の誰かに与え始めるからだ。自分はたくさん与えられている、豊かな世界に生きていると気づくことで、僕らは"足りない精神"から抜け出せる。

④ Share the Abundance

豊かさを分かち合うこと。これはパーマカルチャーの理念のひとつ。Fair Share（フェア・シェア）ともいう。特技やスキルなど与えても減らないものを与え合うことで、社会に余裕が生まれるという考え方。モノも、才能も、特技も、都会にはたくさんつまっているのに、お金にならないからと与えないでいると、資源は活用されないままになってしまう。物置に置きっぱなしの工具だって貸し借りできれば余計なものを買う必要はないし、コミュニケーションが生まれる。僕が持つ豊かさは、いろいろなところからかき集めてきた知恵、経験、そして希望。それをワークショップでどんどん広げていこうとしている。

ドネーションの実践で難しいのが、ある種の交換関係が生まれがちなこと。ドネーションがサービスへの対価となってしまうと、本当の意味でのドネーションにはならない。

それから、よく参加者からいわれるのが、自分で寄付額を決めるのは難しいということ。モノやサービスの値段は誰かに決められているのが当たり前だから、自分で決めるのは難しい。

まだまだ試行錯誤は続くけど、素敵なワークショップをみんなで作っていきたい。

Cafe dela Terra　"恩送り"で運営されるお寺の場づくり

"恩送り"という言葉は初めて聞く人も多いと思うが、じつは江戸時代の日本にあったペイフォワードの精神。何かに対する見返りを求めるような関係ではなく、「もったいない」「おかげさま」とさまざまな縁を大切にする江戸文化にあった言葉だという。カフェのようにお寺に人が集まる場「Cafe dela Terra（カフェ・デラ・テラ）」をつくり、2009年からさまざまなイベントを開催している善了寺の活動も参加費が"恩送り"。「未来へこのムーヴメントがつながっていきますように」という気持ちを込めてペイフォワードされる。

キャンドルナイトやテラヨガ、ライブなどイベントはすべて恩送りで行なわれる。

Gift　　　Interview

Gift Economy Lab

| ギフト経済ラボ | 優しさのきっかけ、ペイフォワード

"与え合い"によって成り立つ経済、ギフトエコノミー。その実践として注目されるのが、ドネーションのひとつの方法、ペイフォワードだ。何かへの見返りでも、誰かへの恩返しでもなく、自分が受けた好意を見知らぬ誰かに送り、広げていくのが特徴だ。このペイフォワードで運営されるレストラン「カルマキッチン」などの実践活動や、事例研究に、いちはやく取り組んできた「ギフト経済ラボ」の松浦貴昌さん、由佳さん夫妻に、ペイフォワードの可能性について聞いてみた。

優しさを送るレストラン 「カルマキッチン」

——ギフト経済ラボでは、「ペイフォワード」は、どのようなものだと考えていますか?

松浦(由): 高速道路の料金所の例えがあります。ふたつレーンがあって、ひとつは、自分のために支払いをするレーン。もうひとつは、自分の前の人がすでに支払いを済ませてくれていて、それを自分も次の人につないでいくというレーン。結局、1日に集まる金額は同じなのですが、あなたなら、

どちらのレーンに並びたいと思いますか? ふたつ目のレーンがペイフォワードの考え方で、優しさを送ることでつながりが生まれていきます。

——ギフト経済ラボでは、具体的にはどのような活動を行っていますか?

松浦(貴): ペイフォワードで運営するレストラン「カルマキッチン」を不定期で開催しています。最初は、ペイフォワードのコンセプトに共感してくれた有志の資金で開催したのですが、ふつうのレストランとは違って、参加者は次に参加する人のために、お金であったり、優しさであったり、自分の想いを送ります。

松浦(由): 料金は決まっていないし、お金を支払う必要もなくて、5、6歳の子どもが、ありがとうの気持ちを絵本であらわしてくれたこともありました。

松浦(貴): 実験的に開催してみたら、人もお金も予想以上に集まって、波紋のよう広がっていきました。参加者同士が仲良くなって、二次会に行くなんてこともあります。

これまでに8回開催し、約400人が参加してくれました(2014年9月時点)。いろいろな場所で開催したいという声があるので、私たちも活動を次に送っていきたいと思っています。

"与え合い"で成り立つ経済 ギフトエコノミー

こだわりの料理は、ギフト精神で参加した調理スタッフが作る。

次の参加者に向けて書かれたメッセージ。見えない優しさを送る。

——カルマキッチンは、どういう経緯で始めたのですか？

松浦（由）：カルマキッチンは、アメリカでギフトエコノミーを実践するサービス・スペースという団体の創始者ニップン・メッタが始めたものです。5、6年前に、私はニップンと会う機会があり、人と人のつながりを深めるカルマキッチンのコンセプトに共感して、「やりたい！日本でもやろうよ！」と周囲に声をかけ始めたのですが、最初は、みんな「ふーん……」という反応……。

それから2011年に震災があって、「つながり」「優しさ」「思いやり」と言われるようになり、状況が変わりました。その頃、彼（貴昌さん）にも出会ったのですが、「面白い。開催しよう」と言ってくれたんです。2年間くらい実行できずにいたのですが、それから仲間も集まり、4ヶ月くらいで開催できました。

——「ギフトラボ」というスペースもあるそうですね。

松浦（貴）：これも似たコンセプトです。

松浦（由）：何か活動を始めるときに、スペースを借りるお金がなくて二の足を踏む人も多いと思うので、想いがある人が、自由に使える場所になればと思っています。

松浦（貴）：東京都内の池袋と目白の間にあるのですが、ある会社の方にカルマキッチンなどの話をしていたら、「ガレージのスペースを提供してもいい」と。光熱費も含めてすべてギフトで貸してくれることになったんです。

松浦（由）：最初は、シャッターをガラガラーっと開けたら、カビ臭くて（笑）。

松浦（貴）：この場所自体もみんなでDIYしてつくろうと、イスを作ったり、内装を整えたり。ギフトをコンセプトにしているからか、ある日、2、3人掛けのソファーがどーんと置いてあって、誰が置いていったのかわからないという不思議なこともありました。なにしろガレージなので、夏は暑いし、冬は寒い（笑）。まだ実験中という感じですが、どんどん愛着がわいてきています。

達成すべきゴールはない
日々がギフトの実践

——海外の事例について聞きたいのですが、米国のサービス・スペースでは、ほかにどんな実践が行われていますか？

松浦（由）：たとえば、ニップンは、「アウェイキング・サークル」という内面の気づきを促す会を毎

Gift　　Interview

左／ガレージを改装してつくった実験場「ギフトラボ」。 右2点／ワークショップを開催し、DIYでイス作りも行った。

週水曜日の夜、10年間1度も欠かさず開催しています。その日は、自宅をオープンにして、最初の1時間を瞑想、次の1時間をゲストスピーカーの話や詩の朗読などにあて、最後の1時間に手作りカレーを参加者にふるまって無言で食べるんです。参加者のなかには、過去に犯罪を犯してしまったり、路上で生活しているような人もいて「こんな食事を食べるに値しない」と泣き出す人もいるそうですが、無言のうちにすべての存在を包み込む場なんです。この会も共感を得て、世界中に広がっています。

　ニップンは、活動にゴールを設定していなくて、結果を出そうとか、成功しようということがないんですよね。思いやりを日々持ち続けよう、ただ自分のやれることをやり続けていこうという姿勢なんです。

——ギフト経済ラボで、いま注目しているものはありますか？

松浦（貴）：『マネー＆ライフ』というアメリカ映画があって、上映会を始めました。貨幣や資本主義の歴史、リーマンショックに象徴される金融資本主義の限界、その後世界に広がりつつあるギフトエコノミー、というお金と人の関わりの歴史を俯瞰できる映画です。この映画は、監督さんとのご縁があってギフト経済ラボで字幕を翻訳しています。

松浦（由）：参加者が自分自身の暮らしを見つめ直すことができるようにワークショップなどとセッ

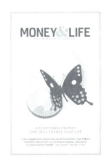

トにして、ギフトやペイフォワードのかたちで運営しています。

1枚のカードが
優しさを目覚めさせる

松浦（貴）： それから、「スマイルカード」の日本版を作っています。

松浦（由）： 匿名の優しさを誰かに送ったときに、そのカードを置いておくのですが、カードの裏に「You've just been tagged.（あなたの番です）」と書かれていて、受け取った相手は、その優しさをまた次の誰かに送っていきます。

あるビルで、玄関の前に置きっぱなしにされているゴミをその人の代わりに捨ててあげて、その場にスマイルカードをそっと置いていたら、そのビルではお互いのゴミを捨ててあげる習慣ができたとか。そういう素敵な話がたくさんあるんです。

日本では、そういう優しさは、なかなか出す機会がなかったり、シェアされていないと思います。スマイルカードというツールが本来持っている人の優しさを引き出すきっかけになればと思っています。日常のほんの些細なことで優しさってあふれますからね。

松浦（貴）： ほかにも、雨が降ったときに、自宅や駅に余っている傘を「ギフト傘」と名づけて、傘を忘れた人に渡す実験など、試行錯誤を続けていきたいですね。

左／サービス・スペースの創始者ニップン・メッタ（中央後）。来日時に「ギフト経済ラボ」のメンバーと交流した。　中央／映画「マネー＆ライフ」（監督：ケイティ・ティーグ）。お金と人の関わりの歴史がわかる作品。　右／スマイルカード。誰かから優しさを受けた人が、その恩を別の誰かに送っていくことを促す。

ぎふとけいざいらぼ／世界のエネルギー問題に象徴されるような、取る、奪う、囲うということではなく、お互いが優しさを贈り合う、渡し合う、与え合うだけで成り立つ経済を100年後の未来という観点から研究している有志の団体

Gift　　　Column

1つのきっかけから、
思いがけない幸せが増えていく

by 服部みれい（『murmur magazine』編集長、文筆家、詩人）

ドネーションで生産者と消費者を結ぶWEBサイト「マーマーな農家」、子ども無料の「こども食堂」、結婚披露宴も兼ねた手作りフェス「マーマーなフェス2014」。これらはすべて、雑誌『murmur magazine（マーマーマガジン）』から派生したギフトエコノミーの試みだ。信頼して助けを求めることでみんなが自分を発揮できる場ができ、新たなつながりや喜びが増えていく──。そんな素敵な循環が生まれた過程を、編集長の服部みれいさんに聞いた。

ギフトエコノミーは、海くんからインスピレーションを受けて、2013年12月に立ち上げた農家さんの紹介サイト「マーマーな農家」（以下、農家サイト）の運営で初めてとりいれてみました。このサイトが生まれたきっかけは、雑誌の農業特集の取材です。ある自然農の農園で、生産者と消費者の関係が離れすぎていることがたくさんの問題を引き起こしている、という話をしていたら、農園の方から「その間をつなぐのに雑誌や本を出している人がやれることがあるはずだ」と言われたんです。その帰り道に、雑誌からもう一歩踏み出した企画として思いついたのがこのサイトでした。

自然栽培や農業体験、宅配などをしているような農家さんの連絡先や住所を紹介して、読者がそれを見て会いにいけるようなサイト。実際に会いにいけば、そこで友達になって、安心して野菜を買えたり、作業の人手が足りない時に気軽に手伝いにいったりもできて交流が生まれる──。これを思いついたとき、「絶対うまくいく！」と思ったのですが、その時の私は猛烈に忙しくて……。もともと私は何でも自分一人で抱え込みがちなのですが、これからは読者の方々が主人公になる場を作りたいと思っていたこともあって、「思い切って読者に助けてもらおう、やってもらおう！」と。運営ボランティアとドネーションを募ったら、もうトントン拍子で形になっていきました。

いま運営メンバーは4人で、それぞれWEBデザイナーさん、ライターさん、編集者さん、ロゴなどのデザイナーさんと、それぞれ役割があって、できることを上手に補い合っています。寄付も共

上／生産者と消費者を結ぶ「マーマーな農家」のWEBサイト。
URL:http://murmur-farm.com/

子どもは無料の『こども食堂』は、ドネーションのみで運営された。

Gift　　　Column

感してくださる読者の方々から毎月ちゃんと入っ
てきて、運営もうまくいっています。私一人でやっ
ていて、もし私が病気で倒れたりしたら、このサ
イトも止まってしまうけど、今の仕組みならサス
テナブルに続けることができます。私自身も農業
の問題にすごくコミットするようになったし、読者
の方と結婚した農家さんもいるんですよ！

2014年9月に開催した「こども食堂」も、農家
サイトと関係しています。「こども食堂」は、子ど
もに豊かな食を伝えるために、子どもなら誰でも
無料で、安全なおいしいごはんが食べられるイ
ベント。無料で10万食の食事をふるまう寺院を
追った映画『聖者たちの食卓』の宣伝を兼ねて開
いたのですが、映画はすばらしいのに、おそらく
ですが宣伝予算がものすごくある作品だったわ
けではなくて……。

そこで、イベントを考えて、まずフードスタイリ
ストとして活躍する、たかはしよしこちゃんにボ
ランティアで調理をお願いしたら快諾してくれて、
よしこちゃんから料理を習いたいというボランティ
アもかけつけてくれることになりました。次に食
材は農家サイトの農家さんたちに、余っている食
材がないか相談してみたら、みなさん共感して
くださって無料で提供してくれたのです。こうして
主に自然栽培の最高の食材で約100人分の夕食
をギフトで作ることができました。

2014年10月に私の結婚披露宴を兼ねて、読
者や雑誌でおなじみの人たちに集まってもらっ
た「マーマーな☆フェス2014」も、こうした広が
りのなかにあります。フェスでは、北軽井沢で2
日間、400人が屋外で一緒に披露宴の一環でディ
ナーを食べたのですが、みんなで作るイベントに
したかったのです。そこで、事前にメルマガを5
〜6回配信して、私たち主催者側にできること・
できないことを全部開示して、みんなが何か少し
ずつでも持ち寄って参加できるようにしました。
そうしたら、参加者同士の関係が深まり、支え合
いが生まれたのです。

3つの話に共通するのは、信頼関係のなかで、
誰かに助けてもらっていること。「助けてもらう
こと」で広がった1個のタネが、多様で有機的で、
計り知れない豊かさを生んでいるのを感じます。
農家サイトや「こども食堂」に、もし大きなスポン
サーがいたら、きっとこんな幸せな循環は起こら
なかったでしょう。同じように、フェスも業者任
せでは、支え合いのいいムードはつくれなかった
と思います。

そもそも、ギフトとはとりたてて意識せずに、
私たちは日頃から雑誌読者との信頼関係を大事
にしてきました。雑誌の規模が小さく、足りない
ところや弱みを読者や関係者の方々に見せなが
らやるしかないからです。ですから不完全ですが、

136　　"与え合い"で成り立つ経済 ギフトエコノミー

それでも読者のみなさんに喜んでもらえる企画をあれこれ考えて、読者を交えたランチ会を会社で開いたりして、顔の見える関係を地道に作ってきました。それが自然と、ギフトを循環させる信頼関係の下地になっていたのかもしれません。

お金とかシステムに合わせるのではなく、自分の命が楽しいこと、無邪気にこころからワクワクすることに合わせていく。ちょっと勇気がいることもあるけど、そこには想像を超えるような大きな喜びと誇りがあります。大事に思うことを大事にして、いいなと思うことを素直にやってみる。そこから、いい流れが生まれ始めるのだと思います。

上／ソーヤー海もフェスに参加し、結婚式の証人役を務めた。写真：馬場わかな　中／「マーマーな☆フェス2014」は、400人の参加者のうち約25人が「おかみさん」として運営をサポートした。写真：中川正子　下／ソーヤー海とトークショーも。ソーヤー海は結婚披露宴をサポートする「おかみさん」ワークショップも行った。写真：馬場わかな

服部みれい／2008年春に『murmur magazine』を創刊。2011年12月より発行人。あたらしい時代を生きるための、ホリスティックな知恵、あたらしい意識について発信を続ける。近著『わたしの中の自然に目覚めて生きるのです』(筑摩書房)ほか著書も多数。

写真：松岡一哲

Gift　　Activity 04

ACTIVITY

バーニングマンに参加してみた！

　今回、紹介するのは、「バーニングマン」。アメリカ・ネバダ州の砂漠で毎年夏に7日間開催されるアート・音楽のフェスティバルだ。これ、アーバンなの？ パーマカルチャーなの？ と聞かれると、ちょっと違うかも……。でも、ユニークなギフトエコノミーの実験場になっているので、紹介しておきたい。

　僕がバーニングマンに参加したのは、2013年の夏。バーニングマンは砂漠の真ん中で開催されるから、水、食料、テントなど期間中の生活に必要なものはすべて持参しなければいけない。参加者は、約7万人。真夏の炎天下、このハンパない人数で集まって"与え合いのまち"を作るんだ。

　ここでの生活は一切の商業活動が禁止されている。氷だけは例外だけど、お金とモノやサービスの交換はできない。そこで実践されているのが、ひたすら与えるだけのギフトエコノミーなんだ。

　与えるものは、モノやサービスだけじゃない。自己表現も贈り物とされるから、たくさんのアーティストも集まってくる。それで、怪しげな格好をして踊ってたり、ぶっとんだ会話をしてたり、困っている人がいたら助けてたり……。とにかく、みんな自由な空気を楽しんでいる。

　このイベントに参加してまず感じたのは、ものすごい違和感！ 何を貰ってもお金を払うことがないし、何かと交換することもない。対価や恩返しが必要なんじゃないかと最初はとまどってしまうけど、バーニングマンの場では、貰うことも大事なギフトと考えられている。誰かが与えようとしても、それを貰う人がいなければ"与え合い"は成立しないからだ。僕も自家製ドライフルーツを大量に持っていって一つ残らず配った。

　ほんと、みんなしつこいぐらい与えてくる（笑）。「フレンチトースト食べてよ。出来立てだから食べてよ」とか何度も何度も強引に。みんな与えるために来ている

巨大な人形「ザ・マン（THE MAN）」を燃やす儀式が、フェスティバルのクライマックス。ここから「バーニングマン」と呼ばれるようになった。

バーニングマン参加者は、「バーナー（burner—燃やす者）」と呼ばれ、思い思いの自己表現で"与え合いのまち"を作る。

というのが、すごいよね。このイベントのために、ある人は1年間も準備し、またある人は何百万、何千万円とお金を注ぎ込んだりもする。有名バンドが来て、無料ライブをやっていたりもするよ。

僕が一番印象に残っているエピソードは、ゲイの人がやっているあるマッサージ屋さん。大人気で、みんな砂漠の照りつける日差しのなか、並んでいる。

並んでいる間も、お店の向かいのかき氷屋さんが、かき氷をくれたり、マッサージ屋さんのスタッフがラベンダーミストのスプレーをかけてくれたり。と思うと、列の側で小学生の男の子がおぼつかない手つきでレモネードを作ってくれたりする。

1時間ぐらい待ってお店に入ったら、王様のような歓待が始まる。優しくソファーに誘導してもらい、仰向けに寝そべると、冷たいキュウリが目の上にのせられる。その上に、氷のアイマスクをかけてもらって、だらんとくつろぐ。傍らではスタッフのひとが、ラベンダーミストをかけ、くじゃくの扇で体をあおいでくれる……。そして、心地のよい全身マッサージが始まる。

マッサージが終わると、今度はキンキンに冷えたキュウリのドリンクを貰い、「マッサージどうだった？ 来てくれてありがとう」と談笑が始まる。これ全部がギフト。サービスが徹底しているんだ。でも、何も対価を求められない。与えることを徹底的に楽しんでいるのが、ほんと、すごいなと思ったよ。

僕自身もいろいろと与えてもらっているうちに、自分も与えられるギフトでもっとみんなのために貢献したいと思うようになっていった。

このやり方で大きな経済のしくみが成り立つかはわからない。だけど、"与え合い"で成立するこんなに大きなフェスティバルもある。これが毎年行われているというから、革命的だよね。このたった1週間だけのギフトエコノミーの理想郷、体験してみてほしい。

All Photos by Reiji Isoi a.k.a. Razy (宇宙メガネ)

Gift　　Column

自由を追求すると、人は分け合い始める

by まがり（日本のバーニングマン情報発信人）

参加者が無料で食べ物をふるまったり、サービスを提供するバーニングマンだが、最初からギフトエコノミーを実践していたわけではなかったという。では、どうしてバーニングマンは、ギフトエコノミーになったのか。過去9回参加し、2014年6月にその魅力を伝えるガイドブック『BURNING MAN COMPLETE GUIDEBOOK（バーニングマン・コンプリートガイドブック）』（造形社）を出版したまがりさんに聞いてみた。

そもそもバーニングマンは、砂漠のなかでアートと音楽を楽しむイベント。大音響で音楽を流したり、でっかいアートを作ったりして、むちゃくちゃしたい。そういう人が徹底して自由を追求している場です。この砂漠はかつて旅人の「墓場」と呼ばれてましたが、いまは何かを生み出すクリエイティブな場として注目を集めています。ハイチ地震（2010年）で使われた仮設住宅「ヘクサユルト」もバーニングマンのキャンプ生活から改良されていったものです。

バーニングマンは、自由を追求するために始まったもので、ギフトエコノミー精神で始まったわけではありません。ベースにあるのは、参加者の仲間意識。みんなバーニングマンが大好きなんです。純粋にイベントを楽しむために商業主義から距離を置き、イベントでは一切の商業活動が禁止されるようになりました。

商業活動が禁止されると、不思議なことに、参加者が食べ物などを他人に無料でふるまい始めました。人は自由な状態で放っておくと、モノを奪い合うと思われていますが、分け合うようになるのです。

なぜ、そうなったのか。それは、イベントが愛されているからだと思います。震災で、日本人の助け合いが話題になりましたよね。何かあったときに、その土地が好きだから助け合う。それと同じことなのだと思います。仲間がお腹をすかせているから、分け与える。それだけのことです。

なので、ギフトエコノミーを実践するには、個々が仲間意識を持ちつつも自立していることと、いかにその場や空間、関係を愛することができるかがカギだと思います。バーニングマンへ行くとその雰囲気をつかめると思いますので、ぜひ体験してみてほしいですね。

まがり／1997年よりバーニングマンの参加ガイドをWEBサイトで公開。映画上映や写真展など関連イベントを多数手がけ、日本からの参加者を支えつづけてきた。2014年6月には日本初のガイドブックを刊行し、ツアーを実施。

イラストレーション／岩切章悟

Gift　Dialogue 04

熊倉敬聡
［京都造形芸術大学教授］

ソーヤー海
［共生革命家］

ギブ&テイクからギブ&ギブへパラダイムシフトを起こそう！

世界金融危機後、グローバル資本主義経済のひずみを乗り越えるコンセプト・実践として、世界中でギフトエコノミーへの注目が高まりつつあるが、ギフトエコノミーそのものはある意味で人類の歴史とともにあるともいえる経済活動　なぜという時代に改めて注目を集めるのだろうか。著書『瞑想とギフトエコノミー』のなかで、哲学や歴史の文脈にギフトエコノミーを位置づけ、ポスト資本主義社会の可能性を探る京都造形芸術大学教授の熊倉敬聡さんとソーヤー海が、その理由や、ギフトエコノミーの可能性について語り合った

経済システムにとって重要なのは精神性？

海：僕は世界中でギフトエコノミーへの関心が高まりつつあるように感じてるけど、なぜ熊倉さんは、『瞑想とギフトエコノミー』という本を書いたんですか？

熊倉：日本の状況で言えば、むしろ、なぜみんな興味を持たないのか不思議です（笑）。もう何十年も前から、どう見たって資本主義的な文明は限界に達している。とくに日本の場合は震災があって、その当時多くの人が「このままではいけない」と思うようになったはずだけれど、東京なんかに住んでいるとまた多くの人がいつの間にか忘れてしまう。というか、忘れるように社会がしくみを作っているから忘れさせられてしまう。

僕は、今とは違う文明を人類がどのように作っていけるのかということに興味があって、その具体的な方法は何なのか、いろいろと試したり、研究したりするなかで瞑想とギフトエコノミーの重要性がわかってきた。ただ、僕の場合は実践もするけど、思想とか哲学の文脈のなかで、瞑想とギフトエコノミーがどう位置づけられるのか、人類にとってどういう意味があるのかはっきりさせたくて、今回、本を書いてみた。

海：実際、資本主義のシステムに疑問を持つ人は多い。そのシステムにどっぷりつかっている人も何かおかしいとは思ってたりして。だけど、じゃあ他にどういう手段があるのかと見えてない。とくにアメリカではそうだけど、資本主義＝民主主義的で良いもの、共産主義や社会主義＝独裁的で悪いものと思っている人が多くて、資本主義以外のオプションを知らない。

そんななかで、僕はギフトエコノミーに出会ったんです。日本ではまだまだ広がってないけど、欧米では流行り始めてるくらい。チャールズ・アイゼンシュタイン（※1）がギフトエコノミーについて紹介する映像や本を作って、新しい流れを作っている。

熊倉：共産主義や社会主義は、少なくとも当初、資本主義を乗り越えようとして作られたものだけれど、決定的に間違ったのは、そのシステムを下支えするスピリチュアリティ、精神性が浅かったことだと思う。人と何かをシェアする、人に与えるというときに、結局それを行う心が十分育っていない状態でシステムだけを機能させようとして、失敗してしまった。

だから、ギフトエコノミーもこれからの経済システムとしてもちろん必要だけれど、同時にそれを支える精神性を育てないと、結局、空回りして終わってしまうと思う。持ち寄りご飯でも、単に余っているものや買ってきたものを持ち寄って食べましょうということだけではダメで、人に喜んでもらいたいし、自分も楽しいか

Takaaki Kumakura

経済との関わり方は選べるよ

システムを支える精神性が大事！

ら作って、それを持ち寄ろうという精神性が大事。瞑想が重要になってくるのは、この点なんです。

海：僕も京都にあるヴィパッサナーセンター（※2）で瞑想をするなかで、ワークショップをギフトエコノミーで運営することに決めた。瞑想して立ち止まることで、自分にとって大切なことに気づけると思う。

熊倉：そうそう。僕もフランスのプラム・ヴィレッジ（※3）に行ったときにすごく気づきがあって。

プラム・ヴィレッジでは、毎食事の最初の20分、「Noble silence」といって、黙って食べる。ある時、リンゴが出た。

リンゴを黙って食べながら、ある思いに捉えられた。この自分がリンゴを食べる出来事って、よくよく考えてみると、すごく不思議なことではないかと。というのも、このリンゴが収穫された時、世界中には無数のリンゴが実っていて、そのうちの一個がたまたまここまでやってきて、今自分の前に置かれている。その自分も何十億人の中の一人。この奇跡的な出会い、地球からのギフトによって、今自分の命は生かされようとしている。そのありがたさを、しみじみと感じた。

そういう気づきが得られる機会を作っていきたい。例えば、人から何か食べ物を貰った時にただ単においしいということではなくて、「心」を貰っているんだという気づき。ある意味で食べ物は媒介であって、実は背後にある心をいただいているというところまで深められるといい。それには、食べるほうも、瞑想的な心が必要。僕が運営に関わっているImpact Hub Kyoto（※4）でもいろいろな試みをしようとしている。とりあえずは、HUB Drinksという飲み物や食べ物を持ち寄るパーティをやっていて、お互いの親睦を深める機会を設けたりしている。

交換からギフトへのパラダイムシフト

海：僕がワークショップをやっていて、いつも苦労するのは、ドネーションがワークショップの対価というギブ＆テイクのものとして捉えられがちなこと。

そこはやっぱり精神的な向き合い方なんだと思うんだけど、みんな消費者という感覚に慣れきっているので、

熊倉さんが運営に参画するコミュニティ・スペース「Impact Hub Kyoto」 提供：Impact Hub Kyoto

すんなりとはギフトを一方的に贈り合う"与え合い"という感覚をわかってもらえない。

熊倉：そもそも、交換というのは、基本的に何かモノをあげるのと同時に違うモノを貰うこと。同じモノだったら交換する必要はないので、違うモノ同士を、同じ価値があるということで交換するわけ。でも、これってよく考えると不思議なことだよね？ まず、もともと「違う」モノを互いに「同じ」価値がある認め合う不思議さ。それに加えて、資本主義経済では、お金と何かを同じ価値があるという前提で交換しているわけだけど、実は売るほうが儲からないと成り立たないシステムだから、厳密には等価交換ではない。背後に必ず＋αの儲けがある。でも、あたかもその場では等価交換であるかのようにやり取りする不思議なシステム。

一方、ギフトというのは、基本的に見返りを求めない。あげっぱなしにする。見返りを求めるかぎりは交換になってしまうわけで。でも、純粋にあげますよ、というだけでは生きていけない（笑）。誰かから貰わないと生きてはいけないわけだから、誰かに何かをあげていれば、やがて誰かが何かをくれるかもしれない、いやくれないかもしれない。でも、何かをあげつづけることで、社会が回っていって、人々が生きていけるという関係、それがギフトエコノミーではないか。

ただ、実際は、海くんが言ったように、その場その場の損得勘定で、これをあげたから、これを貰わないと、という関係に僕たちが慣れすぎているから、海くんのワークショップでも、いい体験をさせてくれたから、その代わりに1,000円払おうという発想になりがちなのはよくわかる。

でも、ギフトというのは相手が何もくれなくてもいいというスタンスでやること。くれるかどうかを気にしないでとにかくやり続けるということ。だから海くんのワークショップはすごいギフトだと思う。ある種すごくリスキーな状況だけど、あえてそれでいいという心構えでやっているから。

海：交換の発想からのパラダイムシフトが必要なんだと思う。

熊倉：『瞑想とギフトエコノミー』のなかで教育についても書いているけれど、教育もふつうは交換というパラダイムで捉えられていて、先生も学生からの見返り＝見合った反応を求めようとするから、うまくいかないとがっかりしたり怒ったりする。そして、落胆や怒りが学生に伝わって、状況はますます悪くなる。僕は、学生からの見返りを求めてはいけないと思う。すごくいい反応があるかもしれないけれど、ない場合もある。そういう心構えでやる。それが教育におけるギフトだと思う。

そういう心構えを持つためには、少なくとも教える側にある種の瞑想的な訓練が必要なんじゃないか。モノやお金に執着するのと同じように、教えることに見返りを期待することへの執着を手放すこと。それには、やっぱり瞑想的な訓練が必要ではないか。

実は多様な人類の経済の歴史

海：今まで学び、慣れ親しんできた常識をどうやって手離していくかという、「Unlearning」が大事なんだと感じる。ギフトエコノミーの話をすると、「それじゃ経済が停滞しちゃう」「誰がインフラを整備するの？」「税金はどうするの？」という反応も多い。オルタナティブな社会の可能性を実践から探り、新しい社会を自分たちの手でつくっていくことが大事だと思うんだけど……。

熊倉：資本主義って人類普遍のものではなく、今のようなシステムができたのは、ヨーロッパ近代。ヨーロッパだってフランスやスイスの山奥とかは19世紀後半ごろまでは貨幣経済が一般的ではなかった。すべてをお金で買うということのほうが実は人類的には極めて新しいことなんだ。

日本でも、東北の沿岸部に行くと、もともとは魚がやたらと獲れたところだから、獲れたら、方々にあげまくるのが普通だったと聞いている。震災後の今でも、魚がふんだんにふるまわれる。僕の両親は新潟出身なんだけど、昔はみんなお酒なんて買わなかった。大量の一升瓶が各家庭間をぐるぐる回っていたらしい。

いわゆる交換経済だって、今の資本主義的な形以外の形がある。日本などの「先進国」にいると、店にある商品には定価がついていることが当たり前だけれど、僕が前に旅した中央アジアのバザールだと、どんなに些細なものでも基本的に定価がなくて、いちいち価格交渉しないといけない。言葉も相場もわからないから、消しゴム1個を買うのでも、真剣なコミュニケーション、「闘い」になる。商談が成立すると交換されるわけだけれど、そこまでのプロセスを楽しめるかどうか。これが、人類の歴史においては、資本主義以前にはバザールやマーケットで普通だったのではないか。今は200円の定価がついた商品に200円を払えばコミュニケーションが終ってしまうけれど、こういう交換の歴史は案外浅い。

海：マーク・ボイルのように、今この時代でも、先進国のいろいろなところにお金なしで生活する人が現れてきてたり、オルタナティブな経済活動の実践例は増えてる。ただ、問題は、どうやってより多くの人が実行して、より広くて深い変革を起こすか。それが、難しい。

自分なりの経済との関わり方を編集しよう

熊倉：その点、僕はアズワンコミュニティ鈴鹿（※5）って、すごいなと思う。鈴鹿という何の変哲もない地方都市のただ中に住みながら、コミュニティでギフトエコノミーの実践活動をしている。

僕は小さな子どもがいるけれど、例えばお母さんが子供に母乳をあげるという行為は、まさにギフト。基本的に家族間では、ある種の信頼関係があるからそういうことができる。

だけど、それがより大きなコミュニティでギフトエコノミーを実践するという場合には、それを家族以外の他人とできるかどうかが問われる。そのためにはある種の「心」を育てない

上／アズワンコミュニティ鈴鹿のコミュニティハウス。メンバーが自宅を開放して気軽に食事や宿泊ができる場になっている。下／お金を介在させないで、贈り物を自在に活用できるコミュニティストア。

Gift　　Dialogue 04

京都にある瞑想センター「ダンマバーヌ」。提供：日本ヴィパッサナー協会

『瞑想とギフトエコノミー』
熊倉敬聡著
サンガ
¥2,500（税別）

くまくら・たかあき　1959年生まれ。パリ第七大学博士課程修了。慶應義塾大学理工学部教授を経て、京都造形芸術大学芸術学部アートプロデュース学科教授。1980年代は、フランス文学、特に「ステファヌ・マラルメの"経済学"」を研究。1990年代は、コンテンポラリー・アートやダンスに関する研究、評論、企画、実践等を行う。2000年代は、教育現場の変革の作業を展開し、大学を地域・社会へと開く新しい学び場「三田の家」の立ち上げ・運営に携わる。2013年京都に移住し、Impact Hub Kyoto の立ち上げ・運営に携わる。主著に前掲書のほかに、『汎瞑想』、『美学特殊C』、『脱芸術・脱資本主義論』などがある。

とダメなんだ。

　彼らに聞くと、彼らなりの内観的な方法を使って、「お互いの精神状態を深め合うということを日常的にやっているから信頼関係もあるし、信頼関係があるからこそお互いに贈り合うことは自然」だと言う。

　地域通貨も実践してきたけれど、だんだん面倒になったらしい。だったら「タダであげたほうが早い」と（笑）。そういう精神性でシステムを作っている。

　ただ、彼ら全員が生活全体をギフトエコノミーで生きているかというと、そんなことはなくて、パーセンテージも人によって違う。ギフトエコノミーを中心に生きている人もいれば、会社でお給料を貰って生きている人もいる。それをお互いに許し合っているというのがすごいと思うんだ。

海：それはいろいろな人に広めていくうえで大事だと思う。一昔前だと共産主義か資本主義を選べというアプローチだったけど、いろいろな選択肢を選べるというのは、いいな。

熊倉：自分の生き方を自分で編集すればいい。100%ピュアにギフトエコノミー的に生きたければ生きればいいし、100%資本主義的に生きたければそれはそれで仕方がない。そんないろいろ選択肢があるなかで、自分なりに自分の生き方を編集していけるということに気づくことが大事だと思う。

---

*1　チャールズ・アイゼンシュタイン
文明や経済システムなどをテーマに活動する米国の思想家、作家、活動家。著書に『聖なる経済学（Sacred Economics：未邦訳）』ほか。以下のURLで原文は無料公開されている：http://sacred-economics.com/film/

*2　瞑想センター「ダンマバーヌ」
10日間の合宿コースで、インドで最も古い瞑想法のひとつ、ヴィパッサナー瞑想を体験できる。日本ヴィパッサナー協会が参加者の寄付によって運営している。関東圏では、千葉県に「ダンマーディッチャ」という瞑想センターがある。

*3　プラム・ヴィレッジ
ベトナム出身の高僧であり、「行動する仏教」を提唱する平和活動家でもあるティク・ナット・ハンが設立したフランスのボルドー近郊にある禅センター。

*4　Impact Hub Kyoto
京都にある世界規模のネットワークをもつコミュニティスペースで、「現在の社会そして人間と自然との関係を変革するために自己を磨き深める人々が寄り合い新しい世界を創っていくための道場」がコンセプト。シェアオフィス、イベントやワークショップのスペースとしても活用されている。
http://kyoto.impacthub.net/

*5　アズワンコミュニティ鈴鹿
三重県鈴鹿市の都市部で、「やさしい社会」を研究・実践するコミュニティ。「世界中の人が愛し合い、怒りや争いなく豊かに暮らせる社会を願い、それに繋がるコミュニティづくり」を目指して、2001年から活動に取り組んでいる。お金を介さず、交換でもない、"一方的に贈り、一方的にもたらされる"という経済を試みている。

CHAPTER 5

Stop

Introduction
Happiness is here and now.

-Mindfulness

-Report STREET ZA ZEN

-How to Meditation

-Interview Tomohiko Yoneda

-Nonviolent Communication (NVC)

-Connect with Needs

-Exercise Nonviolent Communication (NVC)

-Dialogue 05 Shinichi Tsuji

本の最後は「STOP」への誘い。
気軽に生活に取り入れられる禅
の話や、内なる声に耳を傾ける
非暴力コミュニケーションを紹
介しながら、忙しい現代社会の
中で、あえて立ち止まることの大
切さを考えてみよう。

渋谷駅前で行われた瞑想フラッシュモブ。形式にこだわらずフリーダムに瞑想を楽しむ。どんな場所にいても、穏やかな時間とつながっていける。

「いま、ここ」を味わう
「いま、ここ」を楽しむ

Happiness
is here and now.

立ち止まることから、すべては始まる

『突然だけど、みなさんこれから僕がベルを鳴らします。その鐘を合図に「STOP」してみませんか？ 何も考えず、ベルの音を聞くことだけに、挑戦してみてほしい。さあ、準備はいい？　チーーーン！

この音だけに耳を澄まして。無意識になって、呼吸をただ意識して、今この瞬間を味わって下さい…（深呼吸10回）』

どうだったかな？ 難しいと感じた人も多いのではないだろうか。「STOP」するということ、それは今生きているこの瞬間、意識的に中断すること。心は常に動いているから、過去の何かのことを考えたり、あるいはこれから先の予定を考えたり。僕らはいつだって心も身体も忙しくしているのだ。

ビジネスに忙しく動き回って、"Busy-ness" になってしまっていないだろうか。東京のような都市にいる僕らは、止まることなく常にすごいスピードで前に進み、忙しいのが当然という文化の中で生活している。そして僕ら自身もそのスピードを、何の疑問もなく良いことなのだと考えがちだ。ましてや必要不可欠なこととさえ捉えている人もいるかもしれない。目まぐるしく変わっていく今の文化的生活においては、「立ち止まること」は弱さであり問題である。例えば、急いでる時に限って赤信号につかまるように。

でも、こう考えることはできないだろうか。赤信号は忙しい日常生活の中での「気づきのベル」なのだと。赤信号にあったときに、イライラするんじゃなくて、呼吸を味わってみる。そのまま呼吸に意識を向けながら、1分間シンプルに「今ここに生きている」ことを実感する。それだけで豊かな時間を送れるようになると思う。

立ち止まって自然の大いなるサイクルに目を向けてみると、あらゆるものはつながっている。「interbeing」という言葉でも表すことができるけれど、お

　互いが存在しあってつながっている。そんな大きな縁でみんなつながっている世界の中に自分たちは存在しているから、すべてに影響されている。それをきちんと把握して、満たし合う関係性を作っていくのが、これからの時代に求められていることだと思う。

　パーマカルチャーを実践するときに、観察は欠かせないプラクティス。実践の前に、まずじっくりと物事を見極め、可能性を存分に引き出すことを目指す。パーマカルチャーの世界では、その土地の環境にあったものをデザインしていくという発想から解像度をあげて、最近では自分の心の中からデザインしていくという発想に考え方が変わってきている。立ち止まって深く観察することで、より現実を捉えて、物事を意識的に選択ができるようになるはずだ。

　目まぐるしく走り回ってばかりいると、何かをじっくり観察することはできない。だから、ときには立ち止まってみる。歩みを止め、大きく息を吐き、息を吸う。深い呼吸を繰り返していると、心が落ち着くのを実感できるはずだ。

　心が落ち着けば、自分の内面も、自分を取り巻く世界のことも、クリアになってよく見えてくる。湖の前に立つ自分を想像してみてほしい。波打つ水面からは、僕らは何も読み取ることはできないけれど、さざ波ひとつない静かな水面は、鏡のように世界を映し出す。静かな心の持ち主だけが、ありのままの現実を見ることができるというわけ。

　今の経済や社会のあり方は持続可能なものじゃないということは、多くの人が気がついている。それを変革するにはまず、どういう世界に生きたいのかをイメージすることが大事。ずっと昔にあったかもしれないけど、今の時代にないような生き方や社会のあり方を想像して、それを実現させるためにデザインしていく、それがアーバンパーマカルチャーなんだ。

Mindfulness

今、ここ、自分。マインドフルネスとは

マインドフルネスとは、平和活動家でもあるベトナム人の禅僧、ティク・ナット・ハンが提唱する「今、ここ」に目覚めていくエネルギーのこと。呼吸に意識を向けながら、ひとつのことに集中することで、その瞬間に深く触れる。今と心がつながる状態。漢字で現すと「念」というわけだ。

ここでちょっと呼吸にフォーカスしてみよう。まず人が生きていくのに必要なものを考えてみる。食べ物がなくても何日かは生きていける。水がなくても1日ぐらいはなんとか…。でも呼吸ができなかったら？ 僕たちは数分も生きていけない。つまり呼吸＝生きているということ。そして呼吸をするときに体内に取り込んでいる酸素は、植物たちが光合成して生み出してくれるもの。だから呼吸をするということは、大いなる自然と僕らの命がつながる第一歩なのだ。自然との相互関係の中で共に生きる「interbeing」という概念に、僕らは意識的に呼吸をすることで気がつくことができる。

マインドフルネスの力には、今、世界的な注目が集まっている。Google社がティク・ナット・ハンを招いた瞑想会を開催するなど、ビジネスシーンの中でもマインドフルネスを実践する瞑想法などが積極的に取り入れられている。そういうと瞑想や禅は精神的なエリートがやるもの、そんな近寄りがたいイメージを抱いてしまう人もいるかもしれないけれど決してそうじゃない。

僕が禅と出会ったのは、反戦活動に取り組んでいた大学時代のこと。仲良くしていた教授から、ティク・ナット・ハンが主宰するサンディエゴの禅センターを紹介してもらったのがきっかけ。そこは自由な雰囲気の中、生活のすべてが瞑想の対象となっていた。「喜び」や「ユーモア」を大事にしながら、瞑想に取り組む姿は、自分が抱いていた日本の禅や仏教のストイックなイメージとは大きく異なり、気持ちよくて自由なものだった。瞑想というと怪しいイメージもあるけど、現在広く受け入れられているヨガもその形のひとつ。マインドフルネスは、幸せな毎日にかかせないもの。いつでもどこでも実践できるし、もっと身近なものなんだ。

僕が日々取り入れているマインドフルネス

呼吸を味わう

　マインドフルネスでとても大切なこと、それが呼吸。息をコントロールするのではなく、意識をそっと呼吸に寄り添わせていく…ありのままの呼吸を感じてみよう。息は長いときも短いときも、深いときも浅いときもある。でも呼吸に意識を向けていくことで、自然にゆったりとした深いものに変わっていく。静かで、穏やかであることを感じる。心と体を一つにつなげ、今この瞬間に気づきの力を呼び起こす鍵となるんだ。

息を吸って、吐いて、息を吸って、吐いて
息を吸って、息を吸っていることを意識する
息を吐いて、息を吐いていることを意識する
息を吸って、吸う息が深くなることを意識する
息を吐いて、吐く息が深くなることを意識する

気づきのベル

　忙しい毎日の中、STOPすることで、呼吸に意識を向ける瞬間を作る。それがマインドフルネスの第一歩。僕らが瞑想をするときにも「気づきのベル」といって、鐘の音を迎え入れる。鐘の音とともに体をゆるめ、呼吸に戻ることを意識する。自分の意識が帰ってくる、そんな状態を自然体で楽しむ。

　この鐘の音は、あくまで呼吸に戻るきっかけの合図。だから特別なものでなくていい。生活の中で、これが「気づきのベル」と設定してしまえば、瞑想をもっと身近に楽しめる。例えば赤信号。急いでいるときは、ついイライラしてしまうけど、どうせSTOPするんだから、赤信号をきっかけに意識を呼吸に向ける。信号待ちの時間が自分とつながる時間になるというわけ。車を運転していてもそう。呼吸に戻ることで、心を鎮めて落ち着けるし、安全運転になっていく。

　そんな風にして考えると、きっかけはいろいろあると思う。時計や電話の音、風の音や鳥の声、救急車の音…、最近はこの気づきのベルを鳴らしてくれるパソコンやスマートフォンのアプリだってある。呼吸に戻って心に静けさと平和を取り戻すと、もっと自由になれるし、その瞬間を愛おしく感じられるようになる。歩いていても、仕事をしていても、1日中どんな時でも、穏やかな時間とつながっていけるんだ。そう、マインドフルネスは僕らの日常生活の中にある。

ティク・ナット・ハン／1926年ベトナム生まれ。禅僧、平和・人権活動家、学者、詩人。ダライ・ラマと並ぶ精神的指導者として、全世界に影響を与える。キング牧師の推薦で、ノーベル平和賞候補となった、1982年、南フランスにプラム・ヴィレッジを設立。

Stop   Report

STREET 坐 ZEN

原宿でゲリラ瞑想をやってみた！

左ページ／慌ただしく人々が往来する原宿駅前の風景が、みんなで「坐る」ことで一変する。歩いていた人たちの「立ち止まる」きっかけにも。右ページ左／歩道の端に坐り、その場で坐禅を組み、鐘の音を合図に瞑想がスタート。それぞれがゆったりと呼吸に身を委ねていく。右ページ左／形式にこだわらず、自由なスタイルで「気づき（マインドフルネス）」を味わう瞑想ムーブメントが、今世界中に広がっている。

2014年5月9日・朝11：00。夏を予感させるような陽射しが降り注ぐ、金曜日の原宿の街。駅を出てすぐの、明治神宮に繋がる神宮橋で静かに物語が始まった。休日はコスプレした人たちが多く集うその橋に、どこからともなく人が集まってくる。一人ひとり荷物を下ろして、おもむろに坐り、鐘を合図に坐禅を始める——。

これは、今世界中に広がる若い世代の瞑想ムーブメント「Wake Up!」が仕掛けた瞑想フラッシュモブのひとコマだ。この日はティク・ナット・ハンに師事する香港のプラムヴィレッジの僧侶を迎えて行われた。

坐禅や瞑想と聞くと、寺に籠って取り組む、厳しい修行のようなイメージがあるけど、僕はもっと自由に、そしてゆるくやっていいと思っている。現在世界に目を向けてみると、この瞑想フラッシュモブなど、宗教や思想、形式にこだわらない、新しいスタイルの瞑想法が生まれている。都市で働く人は、移動の時間も多いし、当然都市で過ごす時間がほとんど。でも瞑想はどんな場所でもできるし、「今、ここにある」という意識をもっと身近に体感してもらいたいんだ。

たくさんの人が行き交う原宿の街に、みんなで坐る。各々が呼吸に意識を向け、瞑想をする。坐り始めはドキドキするし、人の視線がちょっと気になる。観光客が僕らにカメラを向けてくるのを感じる。そして車の音や、大きな道路工事の音が耳に入ってくる。でも落ち着いて呼吸に身を委ねていると、それらがふとした瞬間から心地よくなってくる。

僕は瞑想をやるために整えられた静かな場所で坐っても、いろいろな考えが浮かんでは消え、思考が暴走してしまうこともあるんだけど、こういった賑やかな街で坐ると、外の方がガヤガヤしてい

Stop   Report

　る分、かえって集中して坐れて自分の内側に向き合える。そんなギャップも楽しい。

　そして約20分後、再び鐘の音を招いて坐禅は終了。街を行き交う人たちも、僕らを見て立ち止まることで、「STOPする」きっかけになったと思う。約30名の参加者と原宿の街で「今ここ」の時間を過ごし、止まる自由を分かち合う、貴重な時間だった。

　続いては観光客が練り歩く、明治神宮の参道で歩く瞑想を。呼吸に意識を向け、一歩一歩、足の裏に意識を向けながら歩いていく。大地とつな

がっていることを味わいながらゆっくりと歩いていく。これもまた新鮮な体験。大勢でゆっくりと歩いていると、他の参拝客にどんどん抜かされていく。ただ歩いているだけのはずなのに、周りから向けられる視線、つまり違和感も感じる。でもその感覚を超えて、歩くことに意識を向けていくことで、次第に気持ち良くなってくる。参道に広がる新緑の風景が自分の中にいつもより深く入ってきたり、たくさんの鳥のささやきが聞こえてきたり、歩くこと自体でじんわりと「今ここにある幸せ」を実感できるんだ。

♪ 歌う瞑想

『ふくらむ、でていく』
ふくらむ　でていく
ふかい　ゆっくり
静か　やすらぎ
ほほえむ　ながれる
今　このとき
素晴らしい　このとき

　続いては芝生の広がる気持ちいい広場に移動してランチタイム。ここではみんなで輪になって「食べる瞑想」を。みんなで沈黙し、ただ食べ物と向き合う。それぞれが持ってきた昼食をゆっくりと丁寧にいただく。ごく自然に、大地への感謝、農家や料理を作ってくれた人への感謝がわき上がってくる素敵な時間に。
　その後は、「歌う瞑想」の時間。プラムヴィレッジで作られた『in out deep slow（ふくらむ、でていく）』という、呼吸をする素晴らしさを、シンプルな歌詞に込めた歌をみんなで歌った。言葉がひとつひとつ空に舞い、心に溶けていく。
　そして最後は、「寝る瞑想」。みんなで芝生の初夏のさわやかな空気を感じながら、足、腰、内蔵、そして目や耳、鼻、口、身体の一つひとつの部位や器官への感謝を込めながら、呼吸を意識し、大地とつながっているのを感じる幸福な時間。
　都会の真ん中。、豊かな明治神宮の森に抱かれながら、今ここを味わった贅沢なひととき。都会に暮らしていても、ちょっと発想を変えれば、こんなにも豊かな時間を持てるんだ。そんなことをみんなでシェアできたひととき。心に平和を！

How to Meditation

気軽にできる瞑想法

本来瞑想は、お寺などの特別に整えられた場所だけでなく、生活の中でも実践できるもの。ここでは毎日の中で、より気軽な形で実践できる瞑想法をピックアップして紹介しよう。

Sitting 座る瞑想

○ 坐り方

坐り方は基本的に自由。大事なことは、身体が心地よい状態をキープすること。僕は肩をリラックスさせ、骨盤から背中にかけて真っ直ぐ伸ばす感じで坐っている。お尻にクッションなどをあてて少し持ち上げる感じにして、両膝で三脚を作るイメージ。身体が安定すると、心もしっかりと支えられる。

正座でも、イスに坐ってもいい。手は前で組んでもいいし、膝の上に置いてもいい。目は閉じてもいいし、半眼にして1mぐらい先を静かに見つめてもいい。坐り心地が悪かったり、どこか痛くなると、そこに意識が向いてしまうので、できるだけリラックスできる体勢を作ろう。

○ 呼吸に意識を向けて

心地よく坐れる体勢を作ったら、背筋をのばし、目を閉じて、静かに鐘の音を招いて、ゆっくりと呼吸に意識を向けてみよう。（※P153参照）坐っている最中に足がしびれてきたら、静かに足の位置を調整すればいい。浮かんでくるいろいろな思考に流されることなく、悟りのような境地を目指すのでもなく、ただただ「今ここ」を感じてみよう。

痛み、怒り、そして喜び、愛情、静けさ……心の中にあるさまざまな感情を静かに感じる。そして余裕があれば、その感情に対して微笑んでみよう。呼吸を意識し、微笑みながら、今ここに在る自分を労り、味わい、楽しんでみよう。

Walking 歩く瞑想

○ 歩き方

普段の生活では、僕らは常にどこか目的地が必ずあって歩いている。でも歩く瞑想では一歩ずつ、足を着いた場所が目的地。呼吸に意識を向け、一歩一歩、足の裏に意識を向けながら歩いていてみよう。

一歩ずつ歩くとき、ただ歩いていることを感じてみる。自然な歩みに合わせて、吸って吐いて、呼吸を意識しながら歩いてみる。頭ではなく、呼吸と足の裏の感覚を味わう。足の裏が大地とつながっていることを意識してみよう。風の音、鳥の声、空の青さ、樹々の美しさ……マインドフルに歩くことで風景も違って見えるはず。歩くことで、周りで起きている奇跡的な瞬間につながる。ただただ幸せを味わえるんだ。

Eating 食べる瞑想

○ 食べ方

いつもより時間をかけて食事をしてみよう。しゃべらずにひと口ずつ、じっくりと。料理をしてくれた人、作物を育ててくれた人、そして大地へと感謝しながら、香り、味わい、食感を、ひと口ごとに満喫してみよう。飲み込んだら、呼吸を意識してみよう。

ティク・ナット・ハンが主宰する僧院プラムヴィレッジでは、次に紹介する祈りを捧げてから食事に入る。さあ豊かな時間を！

◆ 食前の祈り（五観の偈）

この食べ物は全宇宙からの贈り物です。地球と空、無数の命、献身ある愛と労働の結晶です。この大いなる神秘が恵む喜びを受け取り、ふさわしい感謝をするため、むさぼらずに味わいます。敏感な心は見分けて理解し、幸せへと導きます。どうかあらゆる命が苦しみから解き放たれ、喜びと共にありますように。どうか私と愛する人たちを抱く、地球を破壊から守れますように。共に生きる仲間を慈しみ、助け合い、幸せを築き、その向こうへつながる、すべての命のために、今、笑顔を捧げ、この食べ物を授かります。

Stop   Interview

Tomohiko Yoneda

│米田智彦│デジタルデトックス

インターネットの進化で僕らの生活は劇的に変わった。その便利さを享受する一方で、インターネットに使われていると感じたり、SNS上の人間関係に疲れたりしている部分はないだろうか。WEBメディア［ライフハッカー日本版］の編集長を務める米田智彦さんは、"デジタルデトックス"つまり"STOP"の必要性を説いている。

米田さんは2013年に、1ヶ月間ソーシャルメディア断ちをする実験生活を敢行。著書『デジタルデトックスのすすめ』の中で、その生活を通して見えてきた、デジタルツールやテクノロジーとの距離感の取り方や、瞑想との出会いや実践についての体験をまとめている。

「都心で生きていると、情報がとにかく溢れていて、自分が主体的に動いているようでいても、じつは踊らされているようなところがあるものです。そういった流れの中で、どこかで自分を取り戻したい、という想いがあって、そのきっかけとして始めたのが、デジタルデトックスでした」。

米田さんが行ったのは、パソコンやスマホの不必要なアプリを削除した上で、TwitterやFacebookの更新およびメッセージのチェック、スマートフォンでのネットサーフィンを1ヶ月間断つというもの。SNSのトップページにはアナウンスを出し、連絡手段はパソコンのメールだけに絞り、そのチェックも朝夕の2回だけとした。最初は仕事の連絡を見落としてしまわないか、世の中の話題について行けないのでは…など、不安もあったそうだ。

「ぶっちゃけインターネットにアクセスしなくても生きていける。当たり前のことなんだけど、それを体験できたことは大きかったですね」

実験生活を続ける中で、周囲の人たちからの連絡は次第に電話やパソコンのメールに集約されるようになり、ある段階から不安もなくなっていったという。米田さんは、人と直接会うことや、電話できちんと話すこと、そんなリアルなコミュニケーションの大切さも再認識していったという。

そんな生活と同時に、米田さんが取り組んでいたのが瞑想体験。東京・高輪にある高野山別院の本堂で、弘法大師がやっていた瞑想「阿字観」を体験したり、御岳山の宿坊に泊まって滝行に励んだり、また早稲田大学大学院教授で臨床心理学を専門とする熊野宏昭氏など識者へのインタビューを重ねていく。瞑想には「止瞑想」と「観瞑想」と呼ばれる2つの概念がある。その中で米田さんの心を捉えたのは、マインドフルネス瞑想とも呼ばれる、思考を流れるままに観察していく「観瞑想」という概念だ。

米田さんのデジタルデトックス期間中のFacebook。
ホーム画面でSNS断ちを宣言し、パソコンのメールへ連絡を誘導。

『デジタルデトックスのすすめ』
米田智彦 著／PHP研究所
¥1,300（税別）

「瞑想をやることによって、精神的に変わったとか、身体がよくなるなど、何らかの効用を求めることすら一種のエゴである、そういった捉え方があるというのを知ったときはある種の驚きでしたね。道元禅師の"只管打坐（しかんたざ）"という言葉にも似ていますが、ただ坐って静かにしているということ、生きているということをただ感じ、ただ受け止める、それでいいんだってことに出会ったというのは大きかったですね」

最小限で最大限の効果を得られるようなことを、誰もが効率化を考えて生きている世の中で、こういった何もしない時間を持つ事自体が面白いし、現代人にとってはチャレンジだと語る米田さん。

「都市生活や情報空間は、常にせき立てるように心拍数をあげていくもの。そんな消費社会の中で多くの人が生きていかなければいけないというのが現実です。そのこと自体は否定しません。ただそういった流れの中から、意識的にcalm downしていく必要性を感じています。」

　常に何かをやらなければならない"to do"な世の中で、何もしないで、ただそこに在ることを意識する"to be"な時間を持つことで、自分自身の主体性を取り戻していくことが重要なのだ。

「情報空間と精神世界とは、じつはすごく近いものを感じています。ネット上の情報のやりとりのほとんどはテキストコミュニケーションの世界。どういう意図で放たれたかわからない言葉に、みんな傷ついたり寂しくなったりしたり、反対にその言葉に勇気づけられたりもするわけです。言霊という言葉もありますが、デジタルとココロの問題って意外と近いことなのかなと。だからこそ情報空間の中でも、自分自身を俯瞰してみることが大事なのかなと思っています。よく"解像度"という言葉を使うのですが、解像度をあげて見ないと溢れる情報に埋没したり流されてしまうんですね。立ち止まって考えたり、眺めたり、鎮めたり…そんな時間を、週1回でもいいし、月1回でもいい。瞑想を通してリセットする時間を自分の中で持つ習慣はとても大切だと思います」

よねだ・ともひこ／ライフハッカー［日本版］編集長。フリーの編集者・ディレクターとして出版からウェブ、イベント企画まで多岐に携わる。2014年3月「ライフハッカー［日本版］」編集長に就任。オルタナティブな働き方、暮らし方について取材、発信を続けている。

161

Nonviolent Communication

非暴力コミュニケーション

　非暴力コミュニケーション（NVC）とは、アメリカの心理学者マーシャル・ローゼンバーグ博士により提唱された、衝突や対立を乗り越えるためのコミュニケーション方法。崩壊し始めた家族を立て直したり、ビジネスシーンで組織内のもめごとを解消したり、さらには国家や民族間の紛争調停の現場などにも適用されている。

　僕がNVCと出会ったのは2003年、環境平和活動をしていた学生時代。NVC的なコミュニケーション方法として印象的だったのが「チェックイン」と呼ばれる気持ちのシェア。メンバー間でミーティングするときに、まず始めに、今の気分や体調をひとりずつ話して、共有してから議題に入る。何かを始める前にまず人間としてつながる。それは新鮮な体験だった。僕たちは常に批判や評価をしながら生きている。例えばミーティングに出席した初対面の人から、いぶかしげな視線を感じたとしよう。そうすると「感じ悪いな〜、この人とはフィーリングあわなそう」なんて具合に、頭の中で勝手な解釈をしてしまう。でもチェックインがあると、その人の「昨日仕事で寝てなくて気分も悪くて…」という状況がわかったりする。そうすると不信感を抱く事もないし、無理にミーティングへの参加を求めず、休息を促すという選択肢も出て来る。みんなの状態を把握できるとお互いに思いやることができるから居心地がいいし、その後のコミュニケーションもスムーズにいくというわけ。自分や仲間の状態や気持ちがつながると、現実がよりクリアに見えるようになるのだ。

　「チェックイン」はひとつの例だが、NVCは人と人とのコミュニケーションを掘り下げていく。社会の中で僕らは常に何が正しいか、間違っているか、評価を重ねながら生きている。NVCでは善悪の評価の代わりに、観察した出来事に自分がどんな感情をもち、その事についてニーズに基づいた評価を行い、それに基づきリクエストをしながら関係性を構築していく。普段僕たちが無意識に下している評価の裏には、美しいニーズが潜んでいる。そんなニーズに深く共感することで、コミュニケーションの質を上げていけるんだ。

　観察が大事なのはパーマカルチャーの本質と共通する。どんなに優れた企業でも、素敵なエコヴィレッジでも、人間関係というのは常にあって、そこで行き詰まってしまう人も少なからずいる。でもよく観察し、人と人との関係性をデザインしていくことができれば、コミュニティを変えていくこともできるし、社会だって変えていける。NVCはその手助けをしてくれることだろう。

NVCの意識を支える4つの要素

NVCにおいて大切なのは「観察する」「感情に気づく」「ニーズを明確にする」「リクエストする」という4つの要素。思考のプロセスを順を追ってみていこう。

❶ Observation
観察すること

まずは批判や評価を交えずに観察すること。例えば「あの人に無視された」という文章には「無視した」という推測が入っている。正確にいうならば「あの人は私の質問に答えてくれなかった」となるだろう。まずはそうやって観察して切り分けていくのだ。

❷ Feelings
感情に気づくこと

続いては自分の感情を正しく認識すること。例えば、無視されたと感じて思わず涙が出てしまった時、その感情にふさわしいのはどれ？ 切なかった？ 寂しかった？ つらかった？ 悔しかった？ こうやって書き出してみると、たくさんのニュアンスがあるのがわかる。自分の感情を把握し、表現するということは意外と難しいことなのだ。

❸ Needs
必要としていることを明確にすること

感情の奥底には、その人が必要としている「ニーズ」が隠されている。感情には「心地よいフィーリング」と「心地よくないフィーリング」があり、その感情から推測して、その人が必要としている大切なことを探っていく。例えば、悲しいという感情の裏には「尊重」「調和」などのニーズが隠れているかもしれない。そんな風に感情の裏にある、美しいニーズに気がつくことが重要なのだ。

❹ Requests
自分の人生を豊かにするために要求すること

感情とニーズがつながったら、周囲に対して自分の要求を具体的に伝えることができる。「尊重」というニーズに辿り着いたら、相手に自分の話を聞いてもらう時間を作ってもらうなど、リクエストするポイントがわかる。まず自己共感し、次に他人にも深く共感しながら、お互いのニーズを満たすコミュニケーションを重ねていく。とっても難しいことだけど、この過程こそが、美しい世界に繋がっていくのだ。

間違ったおこないと
正しいおこないを超えたところに、
野原が広がっています
そこで遭いましょう
——ジャラール・ウッディーン・ルーミー

Stop　　　Connect with Needs

Connect with Needs

ニーズとつながる

NVCにおいて重要なキーワード「ニーズ」についてフォーカス。
「ニーズ」を明確にして、共感的なつながりを育んでいこう。

ニーズは命のエネルギー

　NVCの中でとても重要になってくるのが、ニーズとつながること。前ページではNVCの意識を支える4つの要素や思考プロセスを紹介したけど、ここではあらためてニーズについて考えてみよう。

　ニーズは命のエネルギー。私たちの感情は、心の奥底にあるニーズから湧き起こってくるものだし、言動や行動もすべてなんらかのニーズを満たすために発せられる。でも忙しい日々を送っていると、目の前の出来事に謀殺されて、多くの人は、自分自身のニーズにさえ、なかなか気づくことができないまま毎日を過ごしている。

自己共感から共感へ

　だからNVCにおいては自分自身と向き合い「感じること」をじっくり味わい、何を求めているのかということに「つながる」ことが大事なんだ。どんな困難なシチュエーションでも、自分は常に自分と一緒にいるわけで、内なる声に耳を傾けて、まずは自分を労り共感してあげよう。自分が本当に求めていたニーズと共に在ることをただ味わう。それだけでとても豊かな時間が過ごせると思う。

　そしてニーズとつながり、何が必要か明確になると、人生を豊かにするためのリクエストができるようになっていくんだ。

　そんなプロセスを、自分自身から対話する相手へと広げていく。相手に寄り添い、心の声に耳を澄まし、その人のニーズを見つけ出していく。そして共感をもって受け止める。相手のニーズとつながることで、お互いがより深く共感できる。NVCはそんな美しいプロセスの積み重ねで成り立っているのだ。

ニーズを知る

　「生き残ること」「健やかさ」「自主性」「相互依存」「共感」「再生」「保護」「超越・飛躍」「意味」「正直さ」… それぞれの言葉はあなたのどのような感覚を呼び覚ましますか？

　右ページの表に詳しくまとめたが、ニーズは大まかに10ぐらいのグループ分けられ、そこからさらに細かいニュアンスに分類できる。

　起こっていることや感情をよく観察し、その背景にあるニーズを、一つひとつより正確に捉えられるようになれば、深い共感へと導いていけるのだ。

Needs MAP

「Needs（ニーズ）」命が自ら持続するためや
成長・繁栄するために必要とするもの

Stop　　　Exercise

Exercise
非暴力コミュニケーションを体感するワーク

奥深い非暴力コミュニケーション（NVC）の世界だが、2つのワークショップの
やり方を紹介しながら、NVCの入り口を感じてもらおうと思う。

リフレクションしてみよう

まずはリフレクションと呼ばれるワーク。自分が（相手が）何を必要としているかを感じ取るトレーニングだ。

聞き手側はひたすら聞く　　　　　　批判や評価を交えずにできるだけそのまま返す

やり方

① 2人組になり、聞き手と話し手に分かれる。

② 話し手は最近あったイライラしたことを話す。聞き手は、話し手にとって大事なことはなんだろう、とハートに耳を傾けて聞く。

③ 話が終わったら、聞き手側が今聞いたことを自分の意見やアドバイスなどを交えず、そのままリフレクションする。「これがこうで気に入らなかった？」など、疑問系で聞いてみる。話し手はもしニュアンスが伝わっていなかったら、その場で訂正する。

自己共感が大切

このワークでは、自分がイライラした話を、聞き手にリフレクションしてもらうという工程を交えることで、何故イライラしたのか、また何を求めていたのか、内なる感情やニーズに気づくことができる。聞き手側もリフレクションするために深く集中して聞き、リフレクションすることで、話し手の感情やニーズに共感できる。

　NVCのプロセスにおいて、自分のニーズとつながることはとても大切なこと。どんなときも自分は常に自分と一緒にいる。相手とうまくいっていない状況があるときに、相手に共感したり、相手から共感してもらうことはとても難しい。まず自分の内なる声に耳を傾け、深い思いやりで受け止めてあげよう。

ニーズとつながろう

続いてはニーズカードと呼ばれる言葉のリストを床に広げて、3人で行うグループワーク。ニーズを発見し共感を養うトレーニングだ。

やり方

1. ニーズカードを3人で囲む。1人が話し手となり、1分間最近悩んでいることを話す。2人は聞きながら、感情の裏にある、その人が求めていること（ニーズ）を推測する。

2. 話し終わったら、2人は、この人に必要と思われるニーズカード（言葉）を選び、1つずつ渡していく。

3. 一通り渡し終わったら、今度は話し手が、他に必要なニーズがあれば、カードを足していく。

4. すべて揃ったカードの中から、特に今、自分が求めてるニーズを2〜3枚選びだし、その言葉を眺めながら自己共感する。また2人はそれをしっかりと見守ってあげる。

※ニーズカードはWeb上からダウンロード可能。
http://goo.gl/lFUUvg（needs_日本語）

2人で聞く　　　疑問系でわたす

より深い次元で自己共感を！

普段の生活の中で、僕たちは感情を抑えて振る舞うことに慣れてしまっている。そういうことを重ねるなかで、少しずつ自分のことを見失いがちだ。こういったワークを行うと、第三者からの視点が入ることで、自分が見えていないニーズに気がつくことができる。

うまくいっていない両親の関係について話したとしよう。それに対して聞き手がニーズを選んで渡していく。例えば［嘆く］［家族］［つながり］などのカードを選んだら「今の状況を［嘆いて］いる？」「［家族］の［つながり］を守りたい？」という具合。「それぞれの想いも［受け入れ］てあげたいんですか？」「みんなの［心の平安］を願っているんですか？」もう一人も続けて渡していく。

こうやって選んでもらったカードに、さらに自分自身でプラスし、そこから最も必要と思われる言葉を選ぶことで、自分が本当に必要としているニーズに深く共感できる。サポートする側の2人も、その人の状況や感情に耳を澄ませ、必要としていること（ニーズ）に気持ちを寄せることで、深く共感することができる。ニーズとは命のエネルギーでもある。そんなエネルギーをシェアすることでとても豊かな気分を分ち合えるんだ。

Stop　　　Dialogue 05

辻 信一 [文化人類学者、環境運動家] ソーヤー海 [共生革命家]

立ち止まって、深いつながりを取り戻そう

「スローライフ」を提唱し、「GNH（国民総幸福）」、「キャンドルナイト」などをキーワードに環境運動を進めてきた辻信一さん。明治学院大学の授業にソーヤー海を招き、学生とともに瞑想なども行なっている。平和な心と社会を育てていくため、精力的に活動するふたりが、立ち止まることの大切さについて語り合った。

時間を見直すことは人生を取り戻すこと

海：ストップと辻さんの言うスローって、違うかな？

辻：スローって『遅い』っていう意味なんだけど、もっと非常に深い意味のある哲学的な言葉なんです。時間を見直す、ということは結局人生を見直すことで、僕らが生まれてから死ぬまで本当に自分のモノといえるものって時間しかないんですよ。その意味ではストップとまったく同じ。時間にもう一回立ち返る。時間って、人生ってなんだっけという問いを取り戻すということなんだと思うんです。

海：時間の使い方も、自分の選択肢がある。その気づきのきっかけとして僕はストップを広めようとしている。常に追われているからさ、追われていると自分はもう主人公じゃなくて何かにコントロールされている。でも一度ストップしてみたら、ああ、実は追っているのは自分の思い込みで、自分にはこの瞬間どう生きるかという選択肢がある、ということにつながる大事なきっかけだと思う。

辻：この前一緒にリトリート（合宿 瞑想会）に行ったじゃない。改めて、ティク・ナット・ハンの本を読んでみて、僕らが取り戻そうとしていたものがあそこに凝縮してあると思った。まず鐘の音がある。それから息に戻る。止まって原点に一回戻ってみるというプラクティスだと思うのね。それを日常の暮らしの中でできるだけ取り戻していく。スマートフォンやパソコンに15分ごとになる鐘のアプリがあるの、あれ面白いなーって思ったね。止まるということが逆にいかに難しいか、ということを教えてくれるんだよね。

海：追っていたり追われたりする場合って"今"がないんだよね。"今"に戻ってこられない歯車の中で、死に向かって走っているみたいなさ。生まれたときから、死に向かって猛ダッシュ！みたいな（笑）。

辻：僕が最初にスローってことを考え始めたきっかけはね、僕の時代は高度経済成長で、とにかく東京のいたるところが工事中だったの。ぼくは自分の青春を工事現場で過ごすのか！こんな感じで生きていくのヤダな、と思って日本を脱出してアメリカに行った。そこには時間がある人たちがいっぱいいたわけ。僕が仲良しに なったのは移民や難民、黒人、マイノリティの人たち。気づいてみたら、マイノリティの人たちはのろまだと言われている。スローだってののしられているわけですよ。

海：遅くて何もしてない、生産的じゃないってラベルがつけられるよね。

辻：南米とか行き始めて、だんだんわかってきたことは、スローな人たちのほうがハッピーであるということ。貧しいから不幸だって僕らはどこかで考えていて、でも実際に会ってみれば、お金なんかなくたって、ニューヨークで走り回っている人たちよりもずっと生活の質が高いわけ。

海：余裕っていう言葉だと思うんだけど、東京に住んでいると余裕がない。お金はあるけど余裕がない。病気に

Shinichi Tuji

止まったら今まで見えなかったことがはっきり見えてくるんだよね

瞑想って実はつながる力なんだと思う

なる余裕とか、人と遊ぶ余裕とか、スケジュールを変更する余裕とか。電車ひとつ遅れるだけで、全部影響されるわけ。それと対照的なのが、ゆっくり生きている、必死に効率を求めてない人たち。ハバナで歩いていたときに、ビルの間でおじさんたちが平日の真っ昼間にドミノとかやっててさ。余裕があるんだよね。頑張れば旅行者を相手にお金を稼ぐかもしれないけど、それを選んでいない。ちゃんと人と時間を過ごす余裕、自分の生きたい瞬間を作りだしているんじゃないかなって。

辻："こうしちゃいられない"症候群っていうんだけど、こうしてはいられないって感覚がつきまとっているんだよね。

海：ニューヨークのウォール街で働いている人に話を聞くと、高収入だけど、時間がない、あんまりハッピーではない。高収入の奴隷労働みたい。止まっちゃいけないんだよね。ちょっとでもゆっくりしはじめたら、その仕事は失うし、次の仕事もない。このペースで走れない人は、別世界に送られてしまう、みたいな。

辻：ローンを抱えているし。

海：そうそう、ナマケモノ倶楽部とかダウンシフターズみたいにその別世界を選ぶ人もいれば、ついていけなくて病気になったりする人が、もう少しゆっくりで余裕のある、新しい世界に生きているんじゃないかな。Google本社とかではマインドフルネスが取り入れられていて、すごく面白い展開だと思うけど、どう融合していくのかが不思議。マインドフルネスがスピードアップのために取り入れられたら本末転倒だから。

辻：それはあるなあ。ムダな時間を整理する、っていうけど、人生ってムダな時間じゃなかったの？って僕なんかは言いたくなる。『星の王子さま』の話で、星の王子さまが地球にやってきて、砂漠に5000くらいのバラが咲いていて、つっぷして泣くわけ。何が悲しいって、自分の星は自分とバラの花だけの星だったんだよね。この世に一つと思っていた大切なバラがこんなにあるんだ、って絶望するわけ。そこにキツネがきて友達になるんだけど、キツネは『キミがバラの花を大切に思っているのは、キミがバラの花のために、時間をむだにしたからなんだ』って言うわけ。つまり、これは愛についてのひとつの定義をしているんだと思うの。愛とは自分の時間を惜しみなく差し出すことなんだ。ギフト、つまりムダにすることなんだって。あなたは効率的に愛されたいか。自由を効率化することはできるか、とかね。実は僕らはそれをやっているんじゃないか。効率的に人を愛するとか、自由を効率的に過ごそうとかね。

海：整理っていう言葉、いかに効率的にするか、だよね。

辻：時間整理術とかね、タイムマネジメントとか。ハーバードビジネススクールとかの人が、よくそういう本を書いているわけ。1日を6分ごとに区切って8割埋めたら、抜群にアウトプットが高まる、とか。

海：短い人生をムダにするな—！み

今年の5月に富士山の麓で行われた、ティク・ナット・ハンのマインドフルネスを体験するリトリート。

169

辻：子どもって、時間にまだとらわれていない存在で、遊ぶという行為は完全に自由なんですよね。これによって何が得られるかとか、そういう視点から遊んでない。つまり時間をムダに過ごしている。それを大人たちは、そんなことをしてて将来はどうするんだ、もっと役に立つことをしなさい、とかささやき続けているわけだよね。

海：『モモ』の世界だよね。時間泥棒たちがきて、『なにしてるんだ！』みたいな。もっと効率よくスケジュールをもって生きないとみたいなさ。ちょっと話は変わるけど、辻さんの最新のプロジェクト、『SLOW SMALL SCHOOL』(※1)は取り組みとしてどういう新しい要素がある？

"するする"社会から "しないこと"を選択しよう

辻：3.11があって、僕らの世代の責任ってものすごく大きいなって感じたんですよ。そこでティク・ナット・ハンを読み直したりして"エンゲイジド・ブッディズム"(※2)にもう一回

辻信一校長による、大人のためのホリスティックな学びの場である。

自分の中で関心をもって。社会的であることってなんなのか、ということ考え始めたし、原発にしても経済効果はどうだとか、発電コストがこっちのほうが低いとか、そういうことじゃないだろ！って。これはマインドセットそのものを大転換するようなことを僕らが率先して始めて、今のキーワード"Unlearn"(※3)しなきゃダメでしょ、と。新しい自然エネルギーがありますとかR水素がいいとか、みんな足し算なのよ。一回、原点に戻って、僕はこういうふうに、Unlearnします、ということを示していきたいな。

海：それはイリイチの"Dischooling"(※4)とつながっている？

辻：そう"Deschooling"とか"Deglow"とか。De＝抜けるということ。だから3.11後に書いた本は"降りる"思想とか、高坂くんたちのダウンシフト(※5)とか。僕はダウンと言うべきだと思う。みんな持続可能とかごまかしの言葉にすがりつくんだよね、ダウンって言いたくないわけ。

海：そうだね、かなり革命的だもんね。今まで信じてきた現実を否定してしまうというかさ。

辻：今までアップし続けてきたから、今アップアップしてるんだよ。

海：活動している点では、そのアップアップな人たちをどう誘惑していくかを考えている。やっぱり否定的なものには反応が悪いから、僕は座ることによって存在で引き込む。あ、この人、何もしていない！座ってるよーみたいなさ。

辻：すごいね、反対している人ってラベル貼れるけど、何もしてない。

海：そう、経産省前とか忙しいところ

経産省前テント広場で、初めてのstreet 坐zen。霞ヶ関の黒スーツ達や脱原発の活動家に怪しまれながら、とっても平和に座れた。いまここ、呼吸を味わう。

で、今まで誰も考えたことのないことをやっているんだ。その発想とか存在感が異物なわけじゃん。そのエネルギーって人に影響すると思うんだよ。この人、通路に座ってっている！みたいな。

辻：それは素晴らしい、共感しますよ。ぼくの英雄にね、水俣病の患者で、緒方雅人(※6)さんという過激に運動していた人がいて、ある日突然止めちゃうのね。その後、ひとりで木の船をあつらえて、チッソの会社まで漕いでいくの。で、正門の前にむしろをひいて練炭で炭をおこして、魚焼いて、ただ座ってるの。チッソの社員は何してるんだって驚くんだけど、何もしてないわけ。もうひとり、13年間獄中にいた韓国のファン・デグォン(※7)も、なんだ反対運動やめたのか、と言われるんだけど、ちゃんとそこにいて大地に祈っていたりするわけ。いるっていう、これはすごいことだと思うの。"する領域"と"いる領域"があると思う。今問われているのは、"To Do"と"To Be"で、通路や空間は歩くためで、いちゃダメなんだよ。僕らはいることを否定されている。

海：よく居場所がないって人がい

るよね。
辻：『しないことリストの作り方』って本を書いたんだけど、"するする社会"を見ていくと、効率化でしょ。時間を節約する為にスマートフォンとか開発されたけど、これを持ったためにね、ヒマになった人っていないわけ。
海：ヒマをつくるためじゃなくて、生産の時間や仕事量を増やすため。
辻：することリストが増殖してみんな苦しんでいるから、冗談半分でね、しないことリストを作ったらどうかっていうのが僕の発想だったの。例えば学校に行かない子どもは"学校に行かない"って行為をしているんじゃなくて、"部屋にいる"ってことを選択しているわけ。もう"するする"につきあってられないよ、って。
海：選んでいる人もいれば、あまりにもペースが速すぎてついていけない人も増えている。
辻：選ぶとすると、すごい勇気がいるんだよね。だからその選択もあり、ということを言っていく、気づきの場をたくさん作っていくってことがとても大事なこと。ティク・ナット・ハンもそれを選択している。マインドフルにいる人って、存在感がある。それって魅力的だと思うの。するするっておじさんより、いるーっておじさんのほうが素敵だよね。
海：履歴書やFacebookもいかにやっているかをアピールする場じゃん。
辻：デキる人はすることをものすごい量、アウトプットしてきた人たちだよね。そういう世の中って幸せなのかっていうと、僕の結論は決して幸せな世の中ではないってことなんですよね。スローライフっていうのは、そういう

ことを言いたい。人間って能力に差はあるし、年はとるし、どれだけ多くできるかを基準にしてしまうと、人生の中で幸せでいられるのはすごく一部の時間。これが幸せであるはずがないと思うわけ。今は大学出ただけじゃ足りなくて、資格を一生とり続けなきゃいけない、60歳になってもいつも新しいテクノロジーを追っていかなきゃいけない。僕がそういうことに気づかされたのが障害者ですよ。ほとんどのことができない。できることを基準にすると、この人たちの生きている意味は今の社会にはない、みたいなところまでいっちゃう。
海：社会の負担とか。
辻：でも多くの親がね、この子たちのおかげで人生の意味を知ったというわけですよ。人間っているだけでよかったんだ。「○○ちゃん、あなたいるだけでいいよ」って。どんな欠損や問題があってもね、とりあえず生きているだけでいい、というのが社会や文化の基本だと思っているんです。それが今の社会はだんだん、試験を通り抜けて資格がないと生きる資格がない、みたいな。そうだとしたらすごくまずい社会じゃないかと。

大事なのは「パーティ力」や「共感力」

海：そういう現状、都会の中で具体的にどうすれば"Unlearning"ができるだろう。うすうす気づいている人たちはいるけど、周りから『ゆっくりしてたらダメだ！終わっちゃうよ人生が！』みたいなプレッシャーがあるわけじゃん。

辻：ひとつは瞑想だよね。今求められているのは、ティク・ナット・ハンの言う"How to sit"、"How to walk"とか"How to eat"とか。僕らは歩くことを知っていると思っているけど、知らないだろ本当は！っていう、そこに戻るのがUnlearnで、もう一回Relearnする。僕も教育の中に瞑想を取り入れるってこと考えてきたし、海くんにも授業にきてもらって、瞑想って若い人もやっているんだってイメージを持ってもらったり。
海：道路でもできるんだ！みたいな。
辻：あと、田畑に立つこと。これも一種の瞑想みたいなものだけど、土、生き物に触れる、それが自分の食べ物になるという原点に立つ。釣りとか、野草を探して歩くとか。そういう生きていくことの原点に、どれだけ触れていくことができるか。僕、ゼミでずっと田んぼをやっているけど、大学で教えているすべてのことは、これ一つにかなわないんですよ。あと"パーティ力"。誰かと一緒にいることが難しくなっている。だってね、最近は恋人同士でも一緒にいるのに目の前でLINEやりあってたりね。LINEの

「しないこと」リストのすすめ
人生を豊かにする引き算の発想
辻 信一―著／ポプラ新書
¥780（税別）

Stop　　　Dialogue 05

明治学院大学の辻さんのゼミでは田んぼや畑での農作業実習が行われている。

ほうが実際の表情をみるより、スタンプで気持ちがわかるから効率的だって。
海：非暴力コミュニケーションの場合は、共感するためには、その人のエネルギーを感じとる力を身につけないといけない。感じ取るためには自分がどういう状態か把握しないといけなくて、相手が何を感じているのかは、自分のフィルターをかけちゃうから、自分の状態によって変わってくるんだよね。自分が他のことでイライラしていたら、勝手に『この人、私がキライなのかも』とか思い込みが生まれてしまう。どれだけ自分の状態を把握しているかが大事。
辻：それはすごく大事なことだな。共感力やパーティ力、そういう能力を少しずつ身につけていく。だから僕のゼミではしょっちゅう持ち寄りパーティをやらせるんだ。瞑想とかっていうと、みんなひとりになることを怖がっているの。でもね、瞑想って実はつながる力なんだ。ティク・ナット・ハンの瞑想の中にご先祖さまというのがでてくるんだけど、過去からつながっていること考えると、未来ともつながっているってことが見えてきて、ひとりじゃないってことが瞑想で感じられる。息を吸って息を吐く。その息が他の人たちの中に入っていく。僕がよくやるエコロジカルな瞑想って、空気をずーっとたどっていくわけ。アルゴン原子（※8）って、自分が1回吐いた息の3000個のうち、海を渡って、1年後に15個が戻ってくる計算になる。
海：『アイアム』って映画でそれがでてきた。みんながつながっている。ガンジーが吸ったアルゴン原子を僕らも吸っているんだよね。
辻：そんな風に瞑想やアクティビティを通じてつながりを実感していく。これがディープエコロジー（※9）ということでもあると思うんだけどね。

止まってみることで
深いつながりを取り戻す

海：多くの人がLINEやネットを通してつながりを求めているけど、瞑想とかで話しているつながりとの違いは、深さなのかなと思って。表面上でつながっているのと、深いつながりを感じている人間の大きな差って、恐れがなくなっていくというか。自分は全部とつながっていて、死んでもつながりはずっとある、その安定感。その深いつながりを感じない限りは、ああ、いつか孤立してしまう、死んですべてなくなってしまう、という恐れの中で生きてしまうのかな。みんなが、つながりビジネスに使っているお金の量ってすごいと思うんだ。

辻：チャレンジとしては、浅い部分のつながりを支えるテクノロジーをいかに逆手にとって深いつながりへと育てるツールへと変えていくか。
海：パーマカルチャーの考えを使うと、そこにある資源をいかに活用して、本質のほうへ向かっていくか。最終的には道具はいらなくなっていく。だから今、FBやメディアを使うけど、それは道具であっていずれは使わなくていいと思うんだよね。
辻：お金も道具に戻していかないと。それが目的になってしまっているからね。ギフトエコノミーもそういうことだよね。もう一度、何のために生きているのかってところに戻っていく。
海：それで大事なのが止まることだと思うんだよね。定期的に止まる練習をして、自分が止まれるかどうかを確かめる。今自分が自分の主人公かどうか、この瞬間やっていることが自分にどう影響しているのか、確かめる。忙しいほど、どう影響しているのかわかんなくなるんだよね。今イライラしているのは何でだろうとか。今はすべて薬とかの対処療法で、深いところにいかせないような生活になってしまっているから。
辻：瞑想でつながりを取り戻していくっていう話をしたけど、現在の環境問題やさまざまな危機は元をたどっていけば人間が自然界から切り離されて、一体感を失わない、本来自分が何者であるかを見失っていることから、ぜんぶ起こっているわけでしょ。瞑想とかガーデニング、そういう行為の一つひとつが、自然界とのつながりを取り戻すひとつの入り口であると思うんだよね。そういうきっかけを

たくさん作っていきたいなと思うんだよね。

海：ジョアンナ・メイシー（※10）が言っていたことだけど『私たちは自然の一部であるから、自然を破壊することは自分を破壊すること』って。今の社会はまさに自殺行為だと思っていて、アマゾンの森が酸素を作っているから、森がなくなってしまえば生きていけなくなる。それは自分たちの肺を売るのと一緒なのに、お金にしてしまっている。忙しい生活で身体をボロボロにしながら経済を維持していく。自分の健康や自然より大事なものがあるという思い込み。その思い込みから解放されるには、止まって、自分が何にいかされているのだろうと見ること。水や酸素、食料、結局はすべて自然がやってくれている。社会問題のほとんどは止まれば解決すると思う。止まったら今まで見えなかったことがはっきり見えてくるから。

辻：ある程度の人たちがマインドフルになれば、がらっと社会が変わると思うな。

海：デニス・バンクス（※11）の先住民の話で、『母なる大地を大事にしなければ怒られる』という話があって。9.11や3.11はまさにそういうものだと思う。人間が止まらなければなんらかの天災が起こって社会を止める。そういうことがこれからもあると思う。火山の噴火とか止まらざるを得ないことが起きる。それも大事な気づきのチャンスだと思うんだ。だから3.11も9.11もそれで生活を転換した人はものすごく多い。もしかしたら大地からのメッセージなのかもしれない。

辻：三浦伴園という江戸時代の百姓、医者、哲学者がいて、彼の言葉でね『枯木に花が咲くを驚くよりも生木に花が咲くのを驚くべし』。死んでいる花に花が咲くと奇跡だーって驚くんだけど、生きている花に今年も花が咲くことの方が奇跡なんじゃないの。ティク・ナット・ハンも『水の上を歩くよりもわれわれがこうして毎日地上を歩いているほうが奇跡なんだ』と言っているけれど、一度立ち止まってみることで、自然とは奇跡であり、今僕らがここにいることが奇跡だと気づければね、それがエコロジーってことだと思うんですね。

『スロー・イズ・ビューティフル』
辻 信一著
平凡社ライブラリー
¥1,000（税別）

つじ・しんいち／文化人類学者、環境運動家、明治学院大学国際学部教員、NGO「ナマケモノ倶楽部」世話人。「スローライフ」「NGH」「キャンドルナイト」などをキーワードに環境＝文化運動を進める一方、環境共生型の「スロー・ビジネス」にも取り組んできた。著書に『スロー・イズ・ビューティフル』（平凡社ライブラリー）ほか。www.sloth.gr.jp/tsuji/

*1 「SLOW SMALL SCHOOL」
2014年5月に開講した、辻信一校長による、大人のためのゆっくり小学校。調理、瞑想、手仕事、散歩、映像鑑賞、自然学習などを取り入れた、ホリスティックな学びの場。

*2 "エンゲイジド・ブッディズム"
社会参加仏教、または、行動する仏教といわれる。ベトナム戦争時に活動した禅僧ティク・ナット・ハンの提唱によって広まった概念。

*3 "Unlearn"
一度学んだ知識や習慣を意図的に捨てて、忘れること。

*4 イリイチの"Deschooling"
ウィーンの哲学者、イヴァン・イリイチによる、脱学校論。「教えられる」という受動的な学校制度から離れて、「自ら学ぶ」という教育を提唱した。

*5 高坂くんたちのダウンシフト
大手企業を辞め、自分の時間を大切にするためにバーと畑をはじめた高坂勝さん。著書『減速して自由に生きる ダウンシフターズ』にもあるように、降りる生き方を提案している。

*6 緒方雅人
熊本県出身の漁師。水俣病で父親を失い、自らも発症し、未認定患者の認定を求める運動の急先鋒に立つ。著書に『常世の舟を漕ぎて——水俣病私史』、『チッソは私であった』。

*7 ファン・デグォン
韓国の環境活動家。アメリカ留学中、身に覚えのないスパイ容疑で逮捕され、13年2カ月を独房で過ごす。現在、韓国の若者たちとエコビレッジ運営に関わり、米軍基地問題や原発反対運動でも発言。

*8 アルゴン原子
地球大気中に3番目に多く含まれている気体。一息にはアルゴン原子が3×10^{19}乗個含まれている

*9 ディープエコロジー
1973年にノルウェーの哲学者アルネ・ネスが提唱したエコロジーの概念。人間の利益のための自然保護「シャロー・エコロジー」ではなく、すべての生命存在は、人間と同等の価値を持つという思想を元にしている。

*10 ジョアンナ・メイシー
アメリカの仏教哲学者、社会活動家。「絶望と再生のワークショップ」や「ディープエコロジーワークショップ」など、精神性を重視したエコロジー運動を行っている。

*11 デニス・バンクス
オジブエ族出身。米国先住民の権利回復運動、アメリカンインディアン運動のリーダーで、環境保護のメッセージを伝えている。著書に『死ぬには良い日だ』。

Appendix　　Recommended Books

Recommended Books
おすすめの本

この本で紹介した事例や考え方をさらに深めてくれる、
ソーヤー海＆編集チームからのおすすめ本。
ピンと来たタイトルから、ぜひ手に取ってみてください！

生態系デザインの技がぎゅっと濃縮！

Permaculture

『パーマカルチャー 農的暮らしの永久デザイン』
ビル・モリソン著
農山漁村文化協会

著者のオーストラリア人、ビル・モリソンは、「パーマカルチャー」の概念を打ち出し、ひとつの学問として確立した人物。本著はパーマカルチャーの実現のために、多様な設計手法を提唱。実践的な技術書として座右に置きたい一著だ。

DIY

『独立国家のつくり方』
坂口恭平著
講談社

「お金がないと生きていけない」という常識を覆してくれる本。東日本大震災後、熊本に新政府樹立？ その初代内閣総理大臣に就任した男が明かす、希望と新秩序のつくり方を大紹介。不平を並べる前に、DIYで心地好い世界を──！

Edge

『フンデルトヴァッサー建築』
フリーデンスライヒ・フンデルトヴァッサー著
TASCHEN

あの宮崎駿監督も敬愛するフンデルトヴァッサーの作品集。直線や無機質さを排除し、美しさや俗っぽさを求めたこの建築家は、思想家であり実践家でもあった。彼の仕事を、建築や絵画、デッサン等を通じて眺めてみよう。

コミュニケーションから世の中を豊かに

Stop

『NVC 人と人との関係にいのちを吹き込む法』
マーシャル・B・ローゼンバーグ著
日本経済新聞出版社

「NVC（非暴力コミュニケーション）」を通してコミュニケーションの本質を考える。「暴力」「対立」を「互いが思いやれる機会」に変えるには？ 心の底から相手を思いやり、自分自身や相手と理解し合うには？ を学ぶ1冊。

Permaculture

『日本の大転換』
中沢新一著
集英社

震災後、私たちが描くべき未来とは？元の日本への「復旧」ではなく、真の「復興」を一。脱原子力依存、エネルゴロジーなど、新しい世界への大転換の必要を説く力強い一著。

Permaculture

『スモール・イズ・ビューティフル』
F・アーンスト・シューマッハー著
講談社

世界が科学技術・物質至上主義の巨大信仰に酔いしれていた70年代に、石油危機を警告し、「足るを知る」を説いた本著。その先見性は今なお鮮烈で、新しい社会への示唆を与える。

Permaculture

『ガンジー・自立の思想
――自分の手で紡ぐ未来』
M.K.ガンジー著／地湧社

「手紡ぎ車」の思想など、個人が平和に自立して生きることを願ったガンジーの文明論を体系化。その「スワラジ(自治)」への願いは、現代の日本や世界経済をも激しくえぐる。

Permaculture

『里山資本主義―日本の経済は「安心の原理」で動く』
藻谷浩介著／角川書店

マネー資本主義がもたらしたさまざまな危機。そんな危機を乗り越えるためのヒントが、実は「里山」にあった―。さあ、休眠資産を活用し、原価0円から幸せを描いていこう。

不可能なんか存在しない

Edible

『奇跡のリンゴ』
石川拓治著
幻冬舎

農薬なしでリンゴが実るはずがない。そんな「常識」に挑んだ木村秋則の"奇跡"の物語。絶望に耐えながら、リンゴの無農薬栽培に情熱を傾ける木村が辿り着いた「真実」とは？

Edible

『食育菜園』
センター・フォー・エコリテラシー著
家の光協会

カリフォルニアの公立中学校での菜園学習を紹介。今や全米に広がるモデルとなったこの取組みにより、命の根本である「食」が学校やコミュニティを再生していく様は、感動的。

都会女子×狩猟と解体。命との向き合い

DIY

『わたし、解体はじめました
―狩猟女子の暮らしづくり―』
畠山千春著／木楽舎

都会の平凡な20代女子が、「自分の暮らしを自分で作る」べく新米猟師になるまでの奮闘記。いのちが食べ物になるってどういうことだろう？著者の真摯な声から、命を学ぶ。

Gift

『贈与論』
マルセル・モース著
筑摩書房

贈与とは経済原則を超えた別種の原理を内在させる「全体的社会的事象」である―。「贈与が社会をつくる」という本書の画期的な概念に触れて、人類社会への考察を深めてみては。

Stop

『ヴァンダナ・シヴァのいのちの種を抱きしめて with 辻信一』
ヴァンダナ・シヴァ、辻信一、サティシュ・クマール著／ナマケモノ倶楽部

環境活動家・ヴァンダナ・シヴァが語る「自由経済」そして「生きる歓び」とは？インドの宇宙観を通して現代エコロジーを見詰め直すDVDブック！

日本の元祖パーマカルチャー！

Permaculture

『パーマカルチャー（上／下）』
デビッド・ホルムグレン著
コモンズ

ビル・モリソンと共にパーマカルチャーの枠組みを創り上げた著者。30年の実践の成果から理論に立ち返り、自然と人間が再び結びつくためのパーマカルチャー12の原則を説く。

Permaculture

『江戸に学ぶエコ生活術』
アズビー・ブラウン著
阪急コミュニケーションズ

江戸人には、未来の地球を守る知恵があった——。「吾れ唯足るを知る」の精神に感銘を受けたアメリカ人著者が、現代人の視点からの物語と自筆のイラストで江戸のエコライフを解き明かす。

Permaculture

『君あり、故に我あり』
サティシュ・クマール著
講談社

ガンジーに共鳴し、八千マイルの平和巡礼を行った著者は、独自の平和思想を提唱。分離する哲学から関係する哲学へ。対立を助長する二元論的世界観に基づいた近代思想へのアンチテーゼ。

Permaculture

『減速して自由に生きる ダウンシフターズ』
高坂勝著／ちくま文庫

年収で幸せを計る時代はもうおしまい。脱サラしオーガニックバー店主へとシフトした著者が、近代の「合理主義」「拡大志向」が陥った袋小路を脱し、持続可能な幸せを手にするための「減速」を説く。

命を守るためのムーブメントを描いた本

Permaculture

『アース・デモクラシー』
ヴァンダナ・シヴァ著
明石書店

多様性とローカルな価値を基盤とした「アース・デモクラシー」。生命中心の「経済」「民主主義」「文化」を訴え、全生命の共同体である地球を取り戻すという、壮大なシヴァ思想がこの書に凝縮。

Permaculture

『懐かしい未来
ラダックから学ぶ』
ヘレナ・ノーバーグ＝ホッジ著／懐かしい未来の本

自給自足による幸せな暮らしを営んでいたヒマラヤの辺境ラダック。突如の近代化により消費欲求が煽られ、貧富の差が拡大した。グローバル経済の本質的な欠陥を明らかに。

Permaculture

『脱資本主義宣言：グローバル経済が蝕む暮らし』
鶴見済著／新潮社

『完全自殺マニュアル』の著者が、シンプルな文章と明快なデータでグローバル経済の問題に迫る！この世界の本質的な問題を知り、資本主義のからくりに踊らされないために必読の書。

Permaculture

『ZINE 未知の駅』
諫山三武編
編集長さぶ

パーマカルチャーとの出会いから生まれ、3.11後の暮らしを問い直すミニプレス。固定的な考え方に陥った脳みそを揺さぶり、各号個性的な特集で「こんな考え方があってもいいんだ！」をお届け。

誰もが一回は読むべく革命的な本

身の回りの生態系の理解は大事な一歩

Permaculture

『murmur magazine
（マーマーマガジン）』
エムエム・ブックス

服部みれいさんが編集長を務める、"本来のわたし"を発揮するためのエコ・カルチャーマガジン。エコ＆エシカルファッションや、身体やこころへの"気づき"、目覚めて生きる知恵などの情報が満載！

Edible

『自然農法
わら一本の革命』
福岡正信／春秋社

耕さず、草もとらず、肥料もやらず、それでいて実りは豊かに。自然の摂理と寄り添って「農」と向き合う、"現代の老子"・福岡正信の哲学から、命と実践を学ぶ。自然農法を学ぶには必読の書。

Edible

『植物（小学館の図鑑 NEO ポケット）』
和田浩志、岡田比呂実、吹春俊光著／小学館

道端の草花から野山の植物まで、日本の植物約820種・きのこ約40種を掲載する持ち歩きサイズのハンディ図鑑。ポケットに入れ、自然とふれあいに出掛けよう！

DIY

『ロケットストーブ』
イアント・エヴァンス、レスリー・ジャクソン著／日本ロケットストーブ普及協会

里山暮らしや災害時の備えに便利なツール「ロケットストーブ」。薪の燃焼効率が非常に高くクリーンに燃える、その作り方から活用方法まで、図解と共に徹底伝授！

DIY

『自然エネルギー革命をはじめよう：地域でつくるみんなの電力』
高橋真樹著／大月書店

創造的な動き「市民電力会社」など、全国の自治体や市民がとりくむ自然エネルギーの活用事例をルポ。脱原発に向けた希望の光は、着実に強まっている。

Edge

『独裁体制から民主主義へ——権力に対抗するための教科書』
ジーン・シャープ著／筑摩書房

非暴力による反体制運動の全体像を示し、誰もが展開できる具体的で小さな戦略を粘り強く続ける実践的な方法論を掲げる。世界の民主化運動家たちも愛読の書。

Edge

『脱学校の社会』
イヴァン・イリッチ著／東京創元社（現代社会科学叢書）

学校制度が生んだ学歴偏重社会。制度化された価値基準の下、個人が持つ豊かな生が無視されている——。そんな公教育の問題から、産業社会進展による「制度化」を問い直す、現代的命題をはらむ書。

Gift

『愛するということ』
エーリッヒ・フロム著
紀伊國屋書店

「愛」こそが現実社会でより幸福に生きるための最高の技術であるとし、その理論と実践の習得を勧め、世界的なベストセラーとなったフロムの代表作。「愛」を真剣に考えたい人へ。

（平和な生き方を簡単に教えてくれる）

Gift

『評価と贈与の経済学』
内田樹、岡田斗司夫FREEex 著
徳間書店

資本主義の先にある新しい経済活動について論じ、新しい「交換」と「共同体」のあり方について示す。ポストグローバルの評価・贈与経済社会は、「情けは人の為ならず」がキーワード！

Gift

『ポラーノの広場』
宮沢賢治著
新潮文庫

理想の広場を探し求め、ついには自分たちの手で正直な共同組合を設立するに至る表題作ほか、多彩な作品を収める。賢治の夢見た「農村のあるべき姿」は現代においても、きっとみんなに優しい世界。

Stop

『ブッダの幸せの瞑想　マインドフルネスを生きる——ティク・ナット・ハンが伝えるプラムヴィレッジの実践』
ティク・ナット・ハン著／サンガ

生きた瞑想を今に伝えるティク・ナット・ハン師による最新のガイドブック。マインドフルネスの実践を通じて、日常に豊かな気付きを。

Stop

『モモ』
ミヒャエル・エンデ著
岩波少年文庫

「相手の話を聴く」ことが得意な主人公モモと「時間どろぼう」の物語。「時間」とは一体何？ それは「お金」に換算できるものなの？ 貨幣経済社会の問題点を告発し、現代人に豊かさの本質を問う。

English Books to Read　おすすめ海外本

（これを読んで意識の革命を起こそう！）

- □『Permaculture: A Designer's Manual』 *Bill Mollison, Reny Mia Slay* 著／パーマカルチャーの聖書
- □『Sustainable Revolution: Permaculture in Ecovillages, Urban Farms, and Communities Worldwide』 *Juliana Birnbaum, Louis Fox* 著／世界のパーマカルチャーの事例
- □『Gaia's Garden: A Guide to Home-Scale Permaculture』 *Toby Hemenway* 著／郊外のパーマカルチャーについての分かりやすい本
- □『The Transition Handbook: From Oil Dependency to Local Resilience』 *Rob Hopkins* 著／トランジションタウンの本。コミュニティーを変える知識が詰まっている
- □『Edible Forest Gardens』 *Dave Jacke, Eric Toensmeier* 著／食べ物の森デザインのバイブル
- □『Toolbox For Sustainable City Living (A Do-it-Ourselves Guide)』 *Scott Kellogg, Stacy Pettigrew* 著／ゲリラ感あるパーマカルチャー的都会サバイバル術
- □『The Lorax』 *Dr. Seuss* 著／日本でも2012年に公開された映画『ロラックスおじさんの秘密の種』の原著

Appendix   Recommended Spots

Recommended Spots
おすすめの場所

日本や世界でパーマカルチャーを実践している場所をはじめ、人が集い、
日々暮らしの革命が生まれているカフェや空間など、いろいろご紹介します。

`Community`

Bullocks' Permaculture Homestead
ブロックス・パーマカルチャー・ホームステッド

毎年ソーヤー海の主催するパーマカルチャーツアーでも訪れる場所。文無しだった兄弟が30年以上かけて、子育てしながら創り上げた、パーマカルチャーのパラダイス。パーマカルチャー発案者ビル・モリソンも二人をトップクラスの実践者として紹介するほど。驚くほど多様性ある果樹園と、チナンパ農法（アステカ文明流）の島は必見。

- 890 Channel Rd, Deer Harbor, WA 98243 アメリカ合衆国
- info@permacultureportal.com
- http://www.permacultureportal.com/index.html

One Kitchen `Space`
ワン・キッチン

この本の発起人が運営するキッチン付き貸スペース。ソーヤー海のワークショップを継続的に開催してきた。面白い活動を支援しながら、多様なDIYを行っている。

- 新宿区荒木町3-26サウスウィング荒木町2F奥
- info@onekitchen.jp
- http://onekitchen.jp/

写真提供：One Kitchen

非電化工房 `Space`

電気の哲学者・藤村靖之氏の工房。ワークショップやセミナーなどを通し、エネルギーとお金をかけずに自然との調和や豊かさを得るための生き方を伝えている。

- 栃木県那須町寺子丙2783-22
- info@hidenka.net
- http://www.hidenka.net/indexj.htm

写真提供：非電化工房

赤目塾 `Community`

自然農を通していのちの世界を伝える川口由一氏主催の「赤目塾」。都市部から多くの老若男女が集い、学びを得ている。

- 三重県名張市と奈良県室生村にまたがる棚田
- http://iwazumi.nsf.jp/akamesizennoujuku/akame3.htm

ほびっと村 `Community`

1976年から西荻窪にカウンターカルチャーの砦としてあり続ける。1つの建物内でフリースクール、本屋、八百屋などを展開。

- 東京都杉並区西荻南3-15-3
- http://www.nabra.co.jp/hobbit/

リトルトーキョー `Space`

"もう一つの肩書きを持てるまち"。東京・虎ノ門ヒルズの目の前、寿司屋をリノベした仮想の街で「本当はやりたかったこと」を実現しよう。

- 東京都港区愛宕1-2-1   http://littletyo.com

カフェスロー `Café / Shop`

「スロー」「つながり」がコンセプトの、自然素材の内装が心地よいカフェ。主催イベントも多く、気づきのきっかけを与えてくれる場。

- 東京都国分寺市東元町2-20-10   cafeslow@h4.dion.ne.jp
- http://www.cafeslow.com

Plum Village
プラム・ヴィレッジ

`Community`

ヴェトナムの禅僧、ティク・ナット・ハン師が設立した「今ここ」を生きるためのマインドフルネスの修行を体験できる場。仏、香港など世界各地にセンターがある。

⌂ 13 Martineau 33580 Dieulivol, フランス
✉ japan@plumvillage.org
（日本語対応可）
http://www.plumvillage.org/

フンデルトヴァッサー・ハウス

`Space`

オーストリアの建築家・フンデルトヴァッサーがウィーンに建築した公共住宅。植物と共にあるカラフルな外観が特徴で、今でも住民と共に変化し成長し続けている。

⌂ Kegelgasse 36 - 38 , 1030 Wien, オーストリア

daylight kitchen
デイライト・キッチン

`Café/Shop`

渋谷駅に程近い立地ながら喧噪を離れた、緑と光のあふれる明るい空間で、旬の野菜や伝統製法で作られた調味料など、自然な食材を活かした料理やスイーツを提供。

⌂ 東京都渋谷区桜丘町23-18ビジョナリーアーツ1F
✉ contact@daylightkitchen.jp
http://www.daylightkitchen.jp/

写真提供：daylight kitchen

ゲストハウス シャンティクティ

`Community`

持続可能な幸せな暮らしを体現するシャロムコミュニティを立ち上げた臼井健二氏の拠点。自然農やパーマカルチャーなどを実践し、その世界観が学べる講座も開催。

⌂ 長野県北安曇郡池田町会染552-1
✉ shantikuthi@ultraman.gr.jp
http://www.ultraman.gr.jp/shantikuthi/

写真提供：ゲストハウス シャンティクティ

パーマカルチャー安房

`Community`

パーマカルチャーを深く理解し実践する、ソーヤー海の友人Philの拠点。千葉の地で日本に合うモデル農園作りを目指すとともに、ワークショップも数多く行う。

⌂ 千葉県南房総市※連絡先非公開

写真提供：パーマカルチャー安房

三角エコビレッジ　サイハテ

`Community`

パーマカルチャーの発想をベースに持続可能な暮らしを模索するコミュニティ。熊本県・宇土半島にあり、住民各々の特技を活かして自由な生き方を創っている。

⌂ 熊本県宇城市三角町中村1901-17
✉ saihate.village@gmail.com
http://www.village.saihate.com

写真提供：三角エコビレッジ サイハテ

Irregular Rhythm Asylum
イレギュラー・リズム・アサイラム

`Café/Shop`

国内外の活動家やアナーキストが集う、新宿の革命スペース！最新のカウンターカルチャー・社会運動に関する情報、物が集積。

⌂ 東京都新宿区新宿1-30-12-302　✉ irregular@sanpal.co.jp
http://irregular.sanpal.co.jp/

たまにはTSUKIでもながめましょ

`Café/Shop`

池袋にあるオーガニックバー。スローな時間が流れるこの場所には、減速＝ダウンシフトしてしなやかに暮らしてゆくヒントがある。

⌂ 東京都豊島区池袋3-54-2 http://umininaru.raindrop.jp/masarukohsaka/gao_ban_sheng/Organic_Bar.html

カフェOhana

`Café/Shop`

三軒茶屋にあるココロにもカラダにも優しいオーガニック＆コミュニティカフェ。ライブやトークイベント、個展なども楽しめる。

⌂ 東京都世田谷区三軒茶屋1-32-6　豊栄ビル1F
☎ 03-5433-8787　http://www.cafe-ohana.com

かぐれ

`Café/Shop`

天然素材の服や日本の手仕事雑貨、無添加食品などを扱う店。ソーヤー海のワークショップを継続的に開催してきた場所でもある。

⌂ 東京都渋谷区神宮前4-25-12 MICO神宮前（表参道店）
http://www.kagure.jp

`Space`

Impact Hub Kyoto
インパクト ハブ 京都

世界に70拠点以上・10000人以上のメンバーを持つHubコミュニティの1つ。今の世界をより良くするため、学びと実践へのきっかけを求めに、幅広い年代・分野の独創的な人々が集う場所。能舞台や茶室、竹林など京都らしい和的空間が融合しているのも特徴。

京都市上京区相国寺門前町682
info@impacthubkyoto.net
http://kyoto.impacthub.net

`Community`

パーマカルチャー・センター・ジャパン

神奈川県・旧藤野町にあり、日本の風土に適したパーマカルチャーの構築と普及を目指す団体。毎年、藤野や日本各地でパーマカルチャー塾を行い、多くの実践者を輩出。施設は古民家を活用した一軒家で、40アールの遊休農地にて不耕起の実験農場の整備も行っている。

神奈川県相模原市緑区牧野1653
info@pccj.net
http://www.pccj.net/

写真提供：Impact Hub Kyoto

写真提供：PCCJ

ウェル洋向台   `Community`

2013年リニューアルの畑付き多世代シェアハウス。パーマカルチャーデザインによる「もちよる暮らし」をコンセプトに、内だけでなく外の人ともつながる拠点を築く。

神奈川県横浜市磯子区洋光台3-30-38
well.yokodai@gmail.com
http://well-yokodai.org/

写真提供：ウェル洋光台

アズワンコミュニティ   `Community`

誰もが家族のように親しく安心して暮らせる社会の実現に向け、実践を積む鈴鹿のコミュニティ。人も物もお金も隔てなく、自在に生かし合う試みが次々と生まれている。

三重県鈴鹿市阿古曽町14-28
as-one@gw.main.jp
http://as-one.main.jp

写真提供：アズワンコミュニティ

やんばる・シンカヌチャービレッジ   `Community`

沖縄本島北部の大宜味村で、パーマカルチャー実践の場として、畑や家造りをはじめ、野草料理ワークショップなど多彩な取組みを行う。

沖縄県国頭郡大宜味村字津波1971-722
http://www.y-sv.org

ALUMONDE あるもんで   `Space`

千葉・神崎町の古倉庫が生まれ変わったコミュニティスペース。パーマカルチャーやギフトエコノミーのワークショップ等を開催。

千葉県香取郡神崎町
npo@toziba.net   http://www.toziba.net/

cafe Stay Happy   `Café/Shop`
カフェ ステイ ハッピー

何度も世界一周した2人が、「日常でも旅の間のように人とつながれる空間を」と下北沢に開店。ハンモックやこたつで寛げる空間を。

東京都世田谷区代沢2-29-14 2F
info@cafestayhappy.com   http://cafestayhappy.com

気流舎   `Space`

東京・下北沢にある四坪の古本カフェ・バー。セルフビルドで造られたこの優しい空間では、人生を変える程の本と出逢える、かも。

東京都世田谷区代沢5-29-17 飯田ハイツ1F
kiryuusha@gmail.com   http://www.kiryuusha.com

たぬき村　　Community

世田谷区砧にあるマンションを緑豊かなコミュニティガーデンにリデザイン！近隣住民にも開かれたこのガーデンは、持続可能な都市型コミュニティのひとつの雛形。

- 東京都世田谷区砧
- info@makubito.com
- http://www.makubito.com/tanukimura.html

写真提供：たぬき村

いとしまシェアハウス　　Community

畠山千春さんが仲間と立ち上げた、古民家を改修しながら住むシェアハウス。エネルギー、食べ物、仕事（お金）の自給をテーマに、循環型の暮らしに取り組む。

- 福岡県糸島市
- ltoshimasharehouse@gmail.com
- https://www.facebook.com/pages/糸島シェアハウス仮/322011631235623?ref=ts&fref=ts

写真提供：いとしまシェアハウス

金谷ベース（KANAYA BASE）　　Space

長年放置されていた建物を、クリエイターたちの共有アトリエ＆協働スペースとして再生。訪れる人との繋がりから知識や技術が継承されゆくコミュニティを目指す。

- 千葉県富津市金谷3870（2015年以降の新住所）
- info@npokanaya.org
- http://kanayabase.com

写真提供：金谷ベース

ブラウンズ・フィールド　　Community

写真家エバレット・ブラウンとマクロビオティック料理研究家中島デコの拠点。カフェ、宿泊施設など多くの機能をもち、食を中心に自然とつながる暮らしが体感できる。

- 千葉県いすみ市岬町桑田1501-1
- contact@brownsfield-jp.com
- http://brownsfield-jp.com/

写真提供：ブラウンズ・フィールド

鴨川地球生活楽校　　Community

鴨川の美しい里山を舞台に、天水棚田で米づくりを軸に、持続可能で地球とつながるライフスタイルをホリスティックに学ぶ場を提供する。（2015年現在準備中）

- 千葉県鴨川市釜沼875番地（NPO法人うず内）
- office@earthschool.awanowa.jp
- http://earthschool.awanowa.jp

写真提供：鴨川地球生活楽校

徳林寺　　Community

境内のセルフビルドの宿坊「みんなの家」で、エネルギーの自給・循環や共生的コミュニティを実践。月1回の「つながりの朝市」など、交流の場としても機能している。

- 名古屋市天白区天白町野並相生28-340
- gc2h-tkok@asahi-net.or.jp
- http://www.aioiyama.net

写真提供：徳林寺

Other Spots Abroad
その他のおすすめ海外スポット

□ **Casa de Paz（写真右）& Cantical Farms**（アメリカ・カリフォルニア州）／低所得者の移民が多い、ギャング問題もある地域に存在する都会のオアシス。家の鍵は閉めず、誰でもウェルカムな平和の家。毎日瞑想が行われていて、ギフト経済で回る理想のスポット　□ **Reading International Solidarity Center**（イギリス・ロンドン）／自分と地域とのつながりを認識するための「開発教育」を実践する場　□ **Dancing Rabbit Ecovillage**（アメリカ・ミズーリ州）／約70名の多様なメンバーが暮らし、持続可能な生き方を模索するギフト経済エコビレッジ　□ **The Possibility Alliance**（アメリカ・ミズーリ州）／電気も石油も使わない、アーミッシュ的エコビレッジ　□ **Mason Street City Farm**（カナダ・バンクーバー）／クラウドファンドで行われる温室型アクアポニックシステムで魚や野菜を生産し、近隣住民に提供する都会型農場

Casa de Pazの立派なフォレスト・ガーデン

海外にもすごい実践者がいっぱい！！

Editor's note

編集後記

Direction, Editing, Writing

近藤ヒデノリ
（クリエイティブディレクター／
TOKYO SOURCE編集長）
担当：全体ディレクション、巻頭ビジュアル、
『DIY』、『EDGE』編集・執筆、クラウドファ
ンディング、表紙写真

みなさんに感謝！僕自身はこれまで会社員として広告をつくりながら、個人として「東京発、未来を面白くする100人」を掲げたWebマガジンや雑誌、書籍などをつくってきました。そして、子供ができたことや3.11をきっかけに、もっと生活そのものをアートにできないか？と考えていた頃に、海くんとパーマカルチャーに出逢い、自分にできることをギフトしようと編集を手伝うことに。今ではすっかりハマり、秋には取材も兼ねてポートランドまで行ったりも。今後も、アートと環境をテーマにした自宅兼シェアハウス、KYODO HOUSEを拠点に、東京ならではのアーバンパーマカルチャーをどんどん実践していくつもりなので、ぜひ遊びに来てください！

寺坂さなこ（編集者）
担当：全体ディレクション、巻頭、『EDIBLE』
編集・執筆

海くんから本を作りたいと相談を受けてから、最終的にはこんなにたくさんの仲間たちが集まって、一冊の本が出来上がりました！何よりも大きなギフトは、そうした仲間や、クラウドファンディングで応援してくれた人たち、今この本を手にとってくれているみなさんとの繋がり。この本は種の集合体でしかないので、面白そう！と思った種をぜひ育ててみてください。地域のトランジションタウンに参加してみたり、ベランダにコンポストを置いてみたり、忙しい仕事中にふと呼吸に戻って地球を感じてみたり。まだまだ紹介しきれなかった活動や人もたくさんあります。これからもみんなでどんどん繋がって種を育ててパーティしましょう♪

吉田真緒（ライター／編集）
担当：『EDIBLE』編集・執筆

行きすぎた資本主義に飲み込まれないように。この本が手にとった人の生活を豊かにするための、実用書として機能するといいな、と思います。無農薬野菜を買うのもいいけれど、自分で育てる方法もある。田舎暮らしをするのもいいけれど、都会にいながらできることも、たくさんある。パーマカルチャーには、さまざまな実践の仕方があります。ぜひ、自分なりの生き方をデザインしてください。ありがとうございました。

末澤寧史（編集者）
担当：『GIFT』編集・執筆

「消費」から「貢献」へ。「取引」から「信頼」へ。「希少性」から「豊かさ」へ。自分の考え・行動の軸を、少しギフトよりにずらしてみる。すると、身近なところから、世界は変わりはじめる！この本をギフトすることで、あなたと巡り会えたように。いま・ここから、ギフトの連鎖は広がる！

マツーラユタカ（つむぎや／物書き料理家）
担当：『STOP』編集・執筆

この本にこめられているのは、ひとコトで言えば新しい時代をつくっていく「希望」。同時多発でたくさんの問題に覆われている現代。その現状に少なからず心を痛めているときにアフロの男に出会ってしまった（笑）。海くんを通して感じた「気づき」をたくさんの人たちと分かち合いたくて、未来に対して「希望」をギフトしたくて、作り上げた1冊の本。そう、これはあくまで、はじまりの一歩なのだ。不思議な引力とご縁の広がりにありがとうを。

荻布裕子（編集・執筆）
担当：『GIFT』「服部みれいインタビュー」
執筆、『Appendix』編集・執筆

GIFTで循環する世界をもっと体現したいと思っていたとき、この本の制作プロジェクトに出逢いました。あまり多くは担当できなかったけど、この出会いに感謝です！自然との関係、人との関係、自分との関係、都市⇔田舎の関係、社会との関係などなど…。パーマカルチャーは、そういった色んなものの関係性を楽しくデザインする、とっても素敵な考え方だと思います。ちょっとした発想の転換や新しい行動から、暮らしはより豊かになり、世界はより光に満ち溢れる。そのきっかけやヒントを、この本から掴んでいただけたら嬉しいです。

萱原正嗣（執筆／編集）
担当：巻頭テキスト編集

本づくりに深く関わることはできませんでしたが、海くんと出会えたことは大きな衝撃でした。この本が、多くの人が、海くんのことを知るきっかけになることを願っています。

Design

Soup Design：尾原史和、小林すみれ

アートディレクションとして関わられたことを嬉しく思います。この本がバイブルとなり、日本全国の多くの人に読まれ、これらの価値感が広がることを願います。素晴らしい未来を生み出すために。（尾原）
都会に暮らしてて、多忙で、パーマカルチャーなんて実践できないって？まさに、そういう人にぴったりの指南書なのです、本書は。私も何か始めてみたいです。（小林）

Writing

木村智史（PLAY EARTH）
担当：『EDIBLE』「Aquaponics」執筆

この本が行動、出逢いのきっかけをつくり、あなたと繋がれることをを楽しみにしています。

伴 昌彦（ライター／トランジション藤野森部）
担当：『DIY』「藤野電力インタビュー」執筆

都市部に住んでいた頃、公園で木の実を採集したり、虫を捕獲したりして食べてました。今思えば、これもアーバンパーマカルチャー？お金が力を持ち過ぎて、複雑な問題だらけになってしまったこの世界で、アーバンパーマカルチャーは世界と自分にシンプルさを取り戻すための、ひとつの試みなんだと思います。

末村成生（編集者・ライター／トランジション藤野百姓クラブ）
担当：『DIY』「設楽清和・榎本英剛メッセージ」執筆

大勢の人たちの知恵やパワーや気持ちをシェアして出来上がったTUP本。この本の成り立ち方に、アーバンパーマカルチャーが進んでいく方向性が現れているんじゃないかな。これからどんな展開になるんだろう？すごくワクワクしています。

明石タカフミ（さとうきび畑）
担当：『DIY』「Dome House」執筆

ひょんな繋がりで執筆のお誘いを受けて書いてみると、執筆を通してワッと繋がりが広がること。こうやって刺激しあって社会は変化していくのだと、再認識できた活動でした。「地球のために働くこと」をモットーに、今はパタゴニアというアウトドアアパレル企業に属してその活動を実践しています。もっと暮らしやすい社会に、もっと地球が活き活きとした状態になればいいなと思う日々です。

スズキ スズ（文筆）
担当：『EDGE』「ユースのエンパワメント」執筆

パラレルワールドがあることを、薄々気がつきながらも、都市の部品として生きる日々に、悲鳴をあげ続ける肉体と魂。このふたつに覿面に効く薬が、海氏が語り尽くすこの本です。もうひとつの世界の扉、ゆっくり開けてゆきたい。全部読むの、僕も楽しみです。

浅見 杏太郎（執筆）
担当：『Appendix』

次世代を描く一著と信じ、小生は言葉を添えました。あなたの幸せに届きますように。祈安。

Photography, Illsustration

大場 新之助（ペインター）
担当：各章冒頭挿し絵

パーマカルチャーは色々な要素をそれぞれがイキイキとするよう配置する4次元のデザインであると認識しています。この本が様々な人生に生きがいを与えることを信じています。

三枝直路（CAMP LIFE STUDIO）
担当：『GIFT』撮影

色んな人が自らが持つものをギフトとして喜んで差し出して出来上がったこの本の在り方自体にも、この本がこの時代に放てる意味があるように感じます。すぐに見返りを求める／求められる現代で、まわりの世界への信頼に溢れた、このような人と人の関わり方を目の当たりにできたことは、私にとって大きなギフトでした。

溝 芳夫（イラストレーター）
担当：『STOP』イラスト

STOPする事はあなたをとても豊かにさせてくれますよ！

山平敦史（写真）
担当：『STOP』撮影

気づきの重要性。そのほんの少しの意識がじわじわ広がっていけば良いなと思いました。

Crowd funding, Proofreading, Support

金谷留美子（会社員）
担当：クラウドファンディング・校正

この本がすこしでも素敵な未来につながっていくきっかけになってくれればいいなとおもっています。

Megumi（ライフコア セラピスト）
担当：クラウドファンディング

本作りプロジェクトが立ち上がって間もなく大切な家族を亡くしました。そのため、やりたいことの半分くらいしか関わることができなかったのですが、期せずして「problem is solution」、「今いるところからデザインしていく」というパーマカルチャーの考え方を実体験する一年となりました。ひとりでも多くの人の手にこの本が届きますように。

原崎拓也（ONE KITCHEN）
担当：言い出しっぺ、場所提供、応援団長

横断歩道、みんなで渡れば怖くないナッシ〜！ Don't be afraid, be the change!! いまでしょ!!

Colophon

都会からはじまる
新しい生き方のデザイン
URBAN PERMACULTURE GUIDE

2015年1月22日　第1刷発行

監修
ソーヤー海

発行人
服部福太郎

発行所
株式会社エムエム・ブックス
〒150-0001
東京都渋谷区神宮前1-20-14-401
03-6804-6485

編集・執筆
近藤ヒデノリ、寺坂さなこ、吉田真緒、末澤寧史、
マツーラユタカ、荻布裕子、萱原正嗣

執筆
木村智史、伴昌彦、末村成生、明石タカフミ、
スズキスズ、浅見杳太郎

写真・イラスト
岩切章悟、大場新之助、三枝直路、中川正子、
中根ゆたか、馬場わかな、松岡一哲、
溝 芳夫、村上加奈子、山平敦史、
Paul Kearsley、Reiji Isoi a.k.a.Razy（宇宙メガネ）

クラウドファンディング・校正他協力
金谷留美子、Megumi、村上晴香、原崎拓也

デザイン
尾原史和、小林すみれ（Soup Design）

印刷・製本
株式会社シナノパブリッシングプレス

Printed in Japan
ISBN 978-4-906817-50-4

Special Thanks
伊藤晶子／稲垣友美／大高健志／
大村 淳／岡村佳奈／川津陽介／木
村絵里／KUNI／たけうちみか／豊
滿徳樹／中村 圭／長田誠司／野崎
彩子／三木真理子／藤井麗美／真
木 類／宮本 麗／Go&Yuko Goto
／脇屋佐起子（50音順・敬称略）

この書籍はクラウドファンディングに
よる371名の支援者の応援により発
行されました。価格、情報などは
2015年1月現在のものです。